Marlene Weithaler
Thomas Plattner

Wandern mit gehfaulen Kindern

Südtiroler Kinderwanderungen mit Pfiff

49 Touren

TAPPEINER.

VINSCHGAU

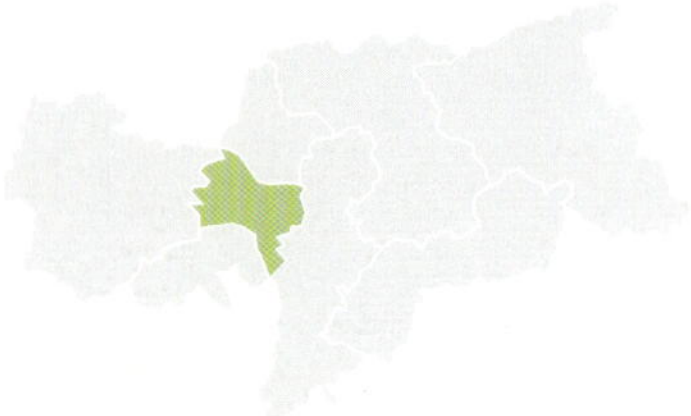

MERAN UND UMGEBUNG

ULTENTAL UND DEUTSCHNONSBERG

PASSEIERTAL

BOZEN UND UMGEBUNG

DOLOMITEN

EISACKTAL UND WIPPTAL

PUSTERTAL

EINLEITUNG

Dieses Buch ist die Weiterführung zum Buch „Wanderbabys – Wanderungen mit dem Kinderwagen in Südtirol". Es richtet sich an Familien mit Kindern, die gemeinsam Zeit in der Natur verbringen möchten.
Wir durften am eigenen Leibe erleben, wie sich der Wanderalltag mit zwei Kindern änderte. Die Vorbereitung ist komplexer geworden, verschiedene Bedürfnisse müssen unter einen Hut gebracht werden. Die Wanderlust der Eltern wird nicht automatisch auf die Kinder übertragen und so müssen Kinder manchmal zum Wandern motiviert werden!
Mit zunehmender Erfahrung bekommt man natürlich immer mehr Praxis und die Schatzkiste an Tricks, um die Kleinen zu überzeugen, wird immer umfangreicher. Eine kleine Hilfe dabei soll dieses Buch sein. Bei allen Wanderungen wird nämlich ein kleiner Motivationsaufhänger für die Kinder angegeben: mal ist es ein besonders lohnenswerter Spielplatz, mal eine einladende Wiese mit einem Bach, mal eine tolle Fahrt mit einer Seilbahn auf Rädern. Vielleicht zeigen Sie Ihren Lieben einfach dieses „Motivationszuckerle" und beraten gemeinsam, ob dies nicht eine tolle Sache wäre! Die Kinder werden begeistert sein!
Es gibt in unseren Bergen so viel Schönes. Wir Erwachsene sind vielleicht oft zu sehr auf das Ziel fixiert, Kinder sehen den Weg, die Natur als Abenteuer. Seit wir zu viert unterwegs sind, sind die Etappen kürzer geworden, die steilen Passagen fehlen fast vollständig und das reine Gehen ist in den Hintergrund getreten. Die Zeitplanung orientiert sich vornehmlich an den Kindern. Bitte denken Sie immer daran, wenn es für die Kleinen eine richtig gute Wanderung werden soll, dann benötigen Sie mehr Zeit!
Lange Autofahrten sind für die meisten Sprösslinge ein Gräuel, das wird wohl mit der anderen Zeitempfindung von Kindern zusammenhängen. Wir versuchen möglichst kurze Anfahrten zu finden oder wenn möglich die Unternehmungen mit einem Besuch zu verbinden. Wollen Sie Ihrem Kind wirklich eine Freude machen, dann nehmen Sie doch einfach eine befreundete Familie mit Kindern mit. Lange

Wege werden plötzlich kurz und beschwerdefrei, wenn der beste Freund oder die beste Freundin dabei sind. Abends leuchten die müden Augen und alles war nur mehr super!

Unser neues Buch ist im Laufe einiger Jahre entstanden. Der Kinderwagen ist ins Abseits geraten, auch wenn fast alle Touren grundsätzlich mit einem geeigneten Wagen machbar sind, dafür kam immer mehr die eigene Gehleistung zum Tragen.

Ausrüstung

Bei unseren Ausflügen konnten wir verschiedenste Erfahrungen sammeln, insbesondere auch was die Ausrüstung bei Wanderungen angeht. Grundsätzlich gilt für die Erwachse-

nen die Mitnahme der normalen Wanderausrüstung: feste, aber bequeme Bergschuhe, mehrschichtige Kleidung, Regen- und Sonnenschutz, Wechselwäsche, kleines Erste-Hilfe-Set. Im Wesentlichen trifft dies auch für Kinder zu. Denken Sie daran, Pfützen und Bäche sind wunderbare Zeitvertreiber, aber eben auch Nassmacher! Eine warme Decke erweist zusätzlich einen dankbaren Dienst und kann vielfältig verwendet werden.

Unabhängig von der Tourenplanung sollte man immer auch eine Kleinigkeit zum Essen und vor allem auch zum Trinken mitnehmen, manchmal wirkt die Aussicht auf eine kleine Belohnung als „Wegverkürzer" und als Motivationsspritze. Zudem laufen und springen gerade Kinder viel, da sollte immer etwas zum Trinken dabei sein. Ein entsprechender Sonnenschutz und eine Sonnenschutzcreme mit hohem Schutzfaktor sind notwendig und sollten nicht vergessen werden.

Sollten Ihre Kinder gern selber einen Rucksack tragen wollen, denken Sie daran, dass über kurz oder lang Sie der Träger sein werden! Je nach Tour zahlt sich die Mitnahme von Sandspielzeug aus. Auch der Lieblingsteddy sollte noch einen Platz im Auto finden, wenn er gar so gern mitmöchte.

Kinderwagen

Fast alle in diesem Führer beschriebenen Wanderungen sind kinderwagentauglich. Falls eine Wanderung nicht mit dem Kinderwagen machbar ist, wird dies gesondert angeführt. Um bei Reifenpannen nicht im Regen zu stehen, empfehlen wir die Mitnahme eines vollständigen Flicksets (Pumpe, Kleber, Anrauhplättchen, Flicken).

Schwierigkeitsgrade

Für die Klassifizierung der Wanderungen werden Murmeltierpfoten als Symbole verwendet, wobei 3 Pfoten für eine „anstrengende Wanderung" und 1 Pfote für eine „gemütliche Wanderung" stehen. Die Bewertung erfolgt nach den folgenden Gesichtspunkten: Gehzeit, Steilheit der Wanderung und Wegbeschaffenheit. Die Gehzeiten beziehen sich auf eine mittlere Gehgeschwindigkeit und setzen eine durchschnittliche Wanderkondition voraus.

Erklärung der Klassifizierung:

🐾 Einfache, nicht beschwerliche Wanderungen mit ebenem Wegverlauf; geringer Höhenunterschied.

🐾 🐾 Etwas längere Wanderungen, die Abschnitte mit Steigung aufweisen; meist nicht asphaltierte Wege; größerer Höhenunterschied.

🐾 🐾 🐾 Wanderungen, für die man zwei bis drei Stunden benötigt, mit nahezu kontinuierlicher Steigung; nicht asphaltierter Wegverlauf; etwas anspruchsvoller; Höhenunterschied signifikanter.

Gehzeit und Höhenangaben

Bei allen Gehzeitangaben handelt es sich um die Gesamtgehzeit (Hin- und Rückweg) ohne Pausen bei einer durchschnittlichen Gehgeschwindigkeit. Planen Sie Pausen ein und denken Sie daran, dass mit zunehmendem Bewegungsbedürfnis die Kinder häufig die Natur selber erleben wollen und dies auf eigenen Füßen. So kann sich die Gehzeit mitunter auch verdoppeln! Die angegebenen Höhenunterschiede sind Richtwerte und beziehen sich nur auf den Aufstieg. Sollte die Wanderung auf und ab verlaufen, so wird dies nicht berücksichtigt.

Wanderkarten

Es empfiehlt sich bei allen Wanderungen die Mitnahme einer entsprechenden Wanderkarte. Sämtliche Wanderungen wurden mit Tabacco-Wanderkarten (1 : 25.000) durchgeführt und zu jeder Wanderung wird das entsprechende Tabacco-Blatt angeführt. Es kann trotzdem passieren, dass sich Wegverläufe und Bezeichnungen ändern bzw. unterschiedlich verwendet werden.

Wegbeschaffenheit

Grundsätzlich teilen wir die Wege in Wanderwege und Forststraßen ein. Forststraßen sind in der Regel nicht geteert und können je nach Situation auch ausgewaschene Passagen enthalten. Größere Steine und Wurzeln können das Gehen

für die kurzen Beine mitunter beschwerlicher machen. Sollte eine längere Schlechtwetterperiode gewesen sein, so kann sich die Wegbeschaffenheit auch deutlich verschlechtern. Dies gilt verstärkt für Wanderwege, welche zumeist schmäler und weniger gut ausgebaut sind.

Motivationszuckerle

Das Motivationszuckerle ist die eigentliche Besonderheit des Buches: Jede Wanderung enthält so ein Zuckerle, um die Kinder zu animieren, den Tag mit ihrer Familie in den Bergen zu verbringen! Fast jedes Zuckerle ist liebevoll mit tollen Zeichnungen eines lustigen Murmeltierchens bebildert und kurz beschrieben. Es handelt sich dabei um interessante Aktivitäten oder Besonderheiten entlang der Wanderungen, um diese kurzweilig zu gestalten!

Wetter

Das Wetter ist einer der bestimmenden Faktoren einer jeden Wanderung, deshalb muss man sich schon vor Beginn darüber informieren. Dazu die Wettervorhersage für Südtirol www.provinz.bz.it/wetter oder telefonisch unter den Nummern +39 0471 270555 oder +39 0471 271177.

Über die bei den Touren angeführten Webseiten finden Sie meist auch entsprechende Hinweise zu Webcams, die ein klares Bild der Ist-Situation liefern.

Auch während der Wanderung sollte immer wieder auf das Wetter geachtet werden, um sich böse Überraschungen zu ersparen.

Notrufnummer

Im Falle eines Notfalles bitte die Ruhe bewahren und über die Notrufnummer Hilfe anfordern. Vergessen Sie dabei bitte nicht, möglichst genau mitzuteilen, wo Sie sich befinden. In Südtirol steht die folgende Notrufnummer zur Verfügung:

NOTRUF EMERGENZA 118

Über die europäische Notrufnummer 112 erreicht man in Italien die Polizei.
Achtung in Grenzgebieten kann es passieren, dass Sie bei Verwendung eines Mobiltelefons nicht in der Südtiroler Notrufzentrale landen, sondern in der nächstgelegenen Leitstelle. Eine klare Ortsangabe und Schilderung der Situation ist dann noch wichtiger.

Internet-Adressen

Sämtliche Internetadressen sind gewissenhaft überprüft worden und entsprechen dem Stand bei der Drucklegung. Für etwaige Änderungen kann keine Verantwortung bzw. Haftung getragen werden. Wir empfehlen ausdrücklich, die angegebenen Adressen und Links zu besuchen, denn sie bieten eine Vielzahl von zusätzlichen Informationen und runden somit das Buch ab.

Verantwortung

Weder die Autoren noch der Verlag übernehmen irgendwelche Haftung für die Richtigkeit der vorliegenden Angaben. Der Zustand und die Schwierigkeit der Wege unterliegen vielen Faktoren, wie zum Beispiel Wetter, Jahreszeit und dem konditionellen Zustand des Wanderers. Die Bergsteiger sind angehalten, vor Antritt der Wanderungen den Wetterbericht zu konsultieren, sich im Tourismusverein über den Wegzustand zu informieren und eine entsprechende Ausrüstung mitzunehmen.

VINSCHGAU

1 UNTERM PIZ LAD ZUR RESCHNER ALM

TECHNISCHE DATEN

Höhenunterschied
Ca. 250 m

Jahreszeit
Sommer und Herbst

Wegbeschaffenheit
Forststraße

Zeitbedarf
2½ bis 3 Stunden

Kartenmaterial
Tabacco, Blatt 043

Schwierigkeitsgrad

Kinderwagentauglich

Wanderung mit Blick auf den Reschensee

Anfahrt: Über den Ort Reschen Richtung Rojen bis zur ersten Rechtsabzweigung (1792 m) kurz vor der Ortschaft. Parkplatz direkt bei der Abzweigung.

Wegbeschreibung: Wir folgen der nicht asphaltierten Straße, die uns leicht ansteigend durch einen lichten Wald führt. Immer wieder ist es möglich, einen Blick ins Tal oder auf die umliegende Bergwelt zu werfen. Der Weg verläuft abwechslungsreich durch Wälder und Almwiesen, es gibt kaum steile Abschnitte. Die Forststraße ist ab dem letzten Drittel mit den Nr. 5–4 markiert.
Kurz vor der Alm können wir den oberen Vinschgau und die faszinierende Ortlergruppe fast vollständig überblicken. Der

malerische Reschensee mit seiner schicksalhaften Vergangenheit leitet unseren Blick immer wieder ins Tal hinab. Wir befinden uns im Grenzgebiet zu Schweiz und Österreich, ein alter Militärweg zeugt von den Wirren vergangener Zeiten. Wir erreichen die Alm nach knapp 1½ Stunden und befinden uns auf 2020 m Seehöhe.
Ein großartiger Aussichtspunkt, der Dreiländerstein (2179 m), ist zu Fuß über den Weg Nr. 4 in ca. 1 Stunde erreichbar, man kommt an alten Militäranlagen vorbei.
Der Abstieg erfolgt über den Aufstieg. In beide Richtungen kann der Weg Nr. 5 genommen werden (ohne Kinderwagen).

Einkehrmöglichkeiten: Reschner Alm, Gastbetriebe im Dorf Reschen

Sehenswertes in der Umgebung: Reschensee mit Kirchturm, Bunker des Alpenwalls „Vallo Alpino Littorio"

Informationen: Tourismusverein Reschenpass (www.reschenpass.it)

Motivationszuckerle

Heute kommst du an einem großen See vorbei mit einem Kirchturm mittendrin. Vielleicht kannst du auch mit der MS Hubertus eine Seerundfahrt machen?

2 ZIPF-UND-ZAPF-WEG IN ST. VALENTIN AUF DER HAIDE

TECHNISCHE DATEN

Höhenunterschied
Ca. 50 m

Jahreszeit
Ganzjährig, je nach Witterung und Schneelage

Wegbeschaffenheit
Wanderweg mit abwechselnder Bodenbeschaffenheit (Wiesen-, Wald- und Forstweg)

Zeitbedarf
Ca. 2 Stunden, je nach Verweildauer bei den Stationen

Kartenmaterial
Tabacco, Blatt 043

Schwierigkeitsgrad
🐾🐾
Kinderwagentauglich

Lustige Schatzsuche im Talaiwald

Anfahrt: Durch den Vinschgau bis nach St. Valentin auf der Haide, dort zum Fernheizwerk BEST. Parkmöglichkeit vor Ort.

Wegbeschreibung: Der Talaiwald befindet sich in St. Valentin auf der Haide und gehört zu den beliebtesten Naherholungszonen für Einheimische und Gäste. Der Erlebniswanderweg umfasst 13 Stationen und ist ca. 3 km lang. Stete Wegbegleiter sind die zwei Lärchenzapfen „Zipf" und „Zapf", die uns an jeder Station Fragen zu verschiedensten Themen stellen. Die richtigen Antworten sind der Schlüssel für unsere akrobatische Schatzsuche am Ende des Weges. Die Wanderung geht vom Parkplatz aus, wo uns Zipf und Zapf schon begrüßen. Der Weg führt sanft ansteigend durch den lichten Lärchenwald. Nicht immer ist der exakte Verlauf leicht erkennbar, die verschiedenen Stationen sind aber gut sichtbar und fungieren als Wegweiser. Die Trasse wird bald etwas steiler, wir halten uns westwärts. Der Wald wird lichter und

wir bekommen einen Blick auf die umliegenden Berge. Beim Wegweiser „Vinschger Höhenweg" wenden wir uns wieder Richtung Osten und kommen zum Labyrinth im verwilderten Nadelwald. Der Weg wird zur Forststraße, der Wald wieder lichter. Nach einem kurzen „Tiersuchintermezzo" geht es leicht abwärts in Richtung Dorf, dessen Anblick wir auf bequemen Schaukeln und Liegen auf uns wirken lassen können. Wir sind jetzt schon fast am Ende unseres Weges angelangt, der nun durch einen Märchenwald bis zur Schatzsuche führt. Bevor sich der Kreis schließt und wir wieder zum Parkplatz kommen, können wir noch einen Abstecher auf den Abenteuerspielplatz machen.
Längs des gesamten Weges gibt es immer wieder die Möglichkeit, zu picknicken. Der Weg besticht durch seine originellen und kindgerechten Stationen. Planen Sie genügend Zeit für Ihre Sprösslinge ein!

Einkehrmöglichkeiten: im Dorf St. Valentin auf der Haide

Sehenswertes in der Umgebung: Reschensee mit Kirchturm, Schloss Nauders, Festung Finstermünz

Informationen: Tourismusverein Reschenpass (www.reschenpass.it)

Motivationszuckerle

Heute lernst du Zipf und Zapf kennen, zwei lustige Lärchenzapfen, die dich auf dem spannenden Weg begleiten.

3 DER AUSSERGEWÖHNLICHE TRAININGSWEG VON SULDEN

TECHNISCHE DATEN

Höhenunterschied
Ca. 60 m

Jahreszeit
Frühsommer bis Herbst

Wegbeschaffenheit
Forststraße oder breiter Wanderweg

Zeitbedarf
Ca. 1½ Stunden

Kartenmaterial
Tabacco, Blatt 008

Schwierigkeitsgrad
🐾

Kinderwagentauglich

Unter Südtirols mächtigsten Wänden

Anfahrt: Durch den Vinschgau, bei Prad Richtung Sulden; Parkplatz beim Tenniscenter oder bei der Talstation der Lifte Kanzel und Lengenstein.

Wegbeschreibung: Direkt beim Parkplatz beginnt dieser besondere Weg, ein Stationenweg, der dem Suldner Kulturweg folgt und Übungsanleitungen sowie Geräte für Jung und Alt bereithält. Entstanden ist der Weg nach einer Idee der Suldner Philipp und Olaf Reinstadler und Thomas Mair. Es sollen spielerisch alle „sieben Intelligenzen" wieder ins Gleichgewicht gebracht werden, und das zu Füßen König Ortlers. Vor der Wanderung empfiehlt es sich, die einschlägigen Unterlagen (z. B. www.institut-pp.com/evopaed-parcours.htm) zu besorgen. Wir wandern gemütlich taleinwärts und folgen den

Stationen. Wie lange man jeweils verweilt, hängt von Wetter und persönlicher Lust und Laune ab. Vor uns ist der Blick durch den Talschluss begrenzt, doch gibt es – in Richtung des Gletschers und der markanten Bergspitzen – ringsumher immer wieder etwas zum Schauen und Staunen.
Bei den Stationen 6 und 7 müssen wir entscheiden, ob wir unseren Weg an der Naturkneippanlage „Bärenbad" ausklingen lassen (hier gute Möglichkeit zum Picknicken und Spielen im Schatten) oder aber zur schaurigen Hängebrücke über den „Ertlweg" weiterwandern. Es ist zwar nicht möglich, mit dem Kinderwagen ganz zur Brücke zu gelangen, doch lohnt sich das Weitergehen allemal.
Für den Rückweg kann man den Hinweg wählen oder über Wiesen und teilweise Dorfstraße (guter Gehweg) bis zum Parkplatz wandern.

Einkehrmöglichkeiten: im Dorf Sulden

Sehenswertes in der Umgebung: „Heilige Drei Brunnen" in Trafoi, ein wunderschöner Wallfahrtsort; MMM Museum (www.messner-mountain-museum.it)

Informationen: Tourismusverein Sulden (www.sulden.com)

Motivationszuckerle

Kannst du dir vorstellen, so richtig im Wasser zu planschen? Dann solltest du zum Bärenbad mitkommen!

4 VON DEN GLIESHÖFEN ZUR MATSCHER ALM

TECHNISCHE DATEN

Höhenunterschied
Ca. 250 m

Jahreszeit
Sommer und Herbst

Wegbeschaffenheit
Forststraße

Zeitbedarf
Ca. 2 Stunden

Kartenmaterial
Tabacco, Blatt 043

Schwierigkeitsgrad
Kinderwagentauglich

Unterwegs zu Füßen der Ötztaler Alpen

Anfahrt: Durch den Vinschgau nach Matsch, dort bis ans Ende des Matscher Tales (Beschilderung „Glieshöfe"). Parkplatz bei den Glieshöfen.

Wegbeschreibung: Der Parkplatz (1812 m) befindet sich vor den Glieshöfen. Hier beginnt unsere Wanderung, anfänglich etwas steil (für ca. 20 Minuten), allerdings über eine bequeme Forststraße (Markierung Nr. 2). Unser Weg führt auf der orografisch rechten Seite den Saldurbach entlang. Das Tal ist eng und steil und wird von folgenden Gipfeln begrenzt: Ramudelkopf, Saldurspitz, Portlesspitz, Bärenbartkogel und Weißkugel am Ende des Tales. Der Weg wird flacher, nach

ca. 40 Minuten verlassen wir den Wald und kommen zu einem Wegkreuz. Hier entscheiden wir uns entweder für die Matscher Alm (2045 m), wo wir einkehren können, oder gehen weiter in Richtung Oberetteshütte. Längs dieses Weges gibt es viele Möglichkeiten zu einem Picknick, für die Kinder Plätze zum Spielen und für die Eltern zum Rasten.
Der Rückweg erfolgt über den Aufstiegsweg.

Einkehrmöglichkeiten: Glieshöfe, Matscher Alm

Sehenswertes in der Umgebung: Stadt Glurns, Churburg bei Schluderns, Tartscher Pichl

Informationen: Tourismusverein Obervinschgau (www.ferienregion-obervinschgau.it)

Motivationszuckerle

Heute gehen wir in eine Gegend, die so richtig voll mit hohen Bergen ist. Wir bleiben aber ganz gemütlich unten. Vielleicht gibt es ja nach der Wanderung ein Eis? Oder einen kleinen Abstecher zum Tartscher Pichl, wo uns die Sagen Gänsehaut machen?

5 NATURERLEBNISWEG PRADER SAND

TECHNISCHE DATEN

Höhenunterschied
Unwesentlich

Jahreszeit
Ganzjährig, je nach Schneelage

Wegbeschaffenheit
Wanderweg

Zeitbedarf
Ca. 2 Stunden (abhängig von der Routenwahl und der Verweildauer bei den Stationen)

Kartenmaterial
Tabacco, Blatt 044

Schwierigkeitsgrad

Kinderwagentauglich

Unterwegs im größten Flussdelta Südtirols

Anfahrt: Durch den Vinschgau bis nach Prad, dort zur Industriezone, kurz nach der Brücke der Beschilderung mit der Markierung Nr. 10 folgen. Parkplatz am Waldrand.

Wegbeschreibung: Der Naturerlebnisweg Prader Sand wurde 2011 von der Forstverwaltung errichtet und gibt Aufschluss über drei Erscheinungsformen der Natur: Wald, Fluss und Trockenau. Die gesamte Weglänge beträgt ca. 5 km und ist in drei Teilbereiche gegliedert. Diese entsprechen den genannten Habitaten und finden sich im Logo der Beschilderung wieder. Der Weg ist abwechslungsreich gestaltet und erlebnispädagogisch orientiert. Insgesamt 18 Stationen führen kurzweilig in die verschiedenen Themenbereiche ein. Als Beispiele seien genannt: das Waldbett, das Bewässerungssystem, der „Barfußpfad“. Eine Aussichtsplattform lässt

uns das gesamte Gebiet, seine Kultur, die „Sand" und den Wasserlauf überschauen. Der Kiefernwald ist von einem ausgeklügelten Bewässerungssystem durchzogen. Alle Wege lassen sich in einer Wanderung kombinieren und sind mit dem Kinderwagen befahrbar.
Längs des gesamten Weges gibt es immer wieder die Möglichkeit, zu verweilen, es gibt Tische und Bänke, wo man gut picknicken kann. Die Kinder können hier spielen: mit Wasser, Sand und Materialien des Waldes, sodass sich sicher längere Aufenthalte ergeben. Rechnen Sie hierfür genügend Zeit ein, die Kinder werden es Ihnen danken.

Motivationszuckerle

Heute gibt es ganz viel zu erleben. Du darfst sehen, hören und selber ausprobieren!

Einkehrmöglichkeiten: Fischerstube an den Fischerseen und Gastbetriebe in Prad

Sehenswertes in der Umgebung: Naturparkhaus „Aquaprad" in Prad, Altstadt von Glurns, Churburg in Schluderns

Informationen: Tourismusverein Prad am Stilfserjoch (www.prad.it)

MERAN UND UMGEBUNG

6 ZUR MAUSLOCHALM (FRANTSCHALM)

TECHNISCHE DATEN

Höhenunterschied
Ca. 320 m

Jahreszeit
Sommer und Herbst

Wegbeschaffenheit
Forststraße

Zeitbedarf
Ca. 2½ Stunden

Kartenmaterial
Tabacco, Blatt 011

Schwierigkeitsgrad
🐾🐾🐾
Kinderwagentauglich

Eine malerische Alm am Naturnser Nörderberg mit Plätzen zum Träumen

Anfahrt: Über Naturns, beim Sportplatz die Nörderbergstraße hinauf bis zum Parkplatz Kreuzbrünnl (1585 m). Parkmöglichkeit vor Ort.

Wegbeschreibung: Nach dem Parkplatz wählen wir die erste Forststraße rechts. Diese führt uns unterhalb der Zetnalm durch einen dichten Wald. Anfangs wenig steil. Ab und zu wird der Wald lichter und erlaubt einen Blick auf die Gipfel der gegenüberliegenden Texelgruppe. Wir wandern weiter, einmal ein wenig steiler, dann wieder flach, überqueren zwei Bäche und gewinnen langsam an Höhe. Nach dem zweiten

Tal, das wir auswandern, beginnt der Weg ein letztes Mal an Steilheit zu gewinnen und wir schrauben uns in einigen Kehren nach oben. Es dauert nicht mehr lange, und wir sehen die malerisch gelegene Alm (1837 m). Hier lässt es sich spielen und gemütlich den Tag verbringen. Die Alm liegt in einer kleinen Senke, über uns die Naturnser Hochwart (2402 m), um uns saftige Almwiesen.

Motivationszuckerle

Heute wirst du eine ganz tolle Alm kennenlernen. Da gibt es Tiere, Wiesen und viel Platz zum Spielen. Vielleicht kommt dein Freund ja auch mit?

Einkehrmöglichkeiten: Mauslochalm (Frantschalm)

Sehenswertes in der Umgebung: Eisenbahnmuseum in Rabland

Informationen: Tourismusverein Naturns (www.naturns.it)

7 EICHHÖRNCHENWEG IN MARLING

TECHNISCHE DATEN

Höhenunterschied
Ca. 50 m

Jahreszeit
Sommer und Herbst, je nach Schneeverhältnissen auch Winter

Wegbeschaffenheit
Wanderweg

Zeitbedarf
Ca. 1 Stunde, aber auch mehr, je nachdem, wie lange gespielt wird

Kartenmaterial
Tabacco, Blatt 011

Schwierigkeitsgrad
Nur teilweise für Kinderwagen geeignet, da es kurze Passagen mit Stufen gibt

Natur- und Erlebnisweg bei Meran

Anfahrt: Nach Marling, dort beim Hotel „Oberwirt" links abbiegen, der Beschilderung „Waldschenke" folgen. Parkmöglichkeit beim Gasthof „Waldschenke".

Wegbeschreibung: Diese Wanderung ist ein Rundweg, der über 26 Stationen am Marlinger Berg verläuft. Sie bietet für Jung und Alt mannigfache Möglichkeiten zu Erholung und Entspannung. Es gibt Schautafeln, Baumhütten, Klettermöglichkeiten, einen Abenteuerseilparcours und viele andere aufregende und lustige Möglichkeiten, gemeinsam Zeit zu verbringen. Hier treffen zwei wesentliche Natur- und Erlebniswelten aufeinander: die sportlich-spielerische und die kreative. Es ist für alle etwas dabei, wenn man sich nur darauf einlässt. Der Weg startet direkt beim Gasthof „Waldschenke" und ist mit einem Eichhörnchen markiert. Es geht anfänglich leicht bergauf, der Höhenunterschied ist aber nicht wirklich signifikant. Die gesamte Wegstrecke beträgt ca. 1 km. Die Stationen sind lehrreich, spannend und unterhaltsam ausgeführt. Es empfiehlt sich, genügend Zeit einzuplanen (½ Tag). An verschiedenen Stellen besteht die Möglichkeit, zu picknicken.

Einkehrmöglichkeiten: Gasthof „Enzian", Gasthof „Waldschenke"

Sehenswertes in der Umgebung: Schloss Lebenberg und Labyrinthgarten Kränzel in Tscherms

Informationen: Tourismusverein Marling (www.marling.info)

Motivationszuckerle

Das ist heute ein Tag nur für dich und deine Freunde: laufen, klettern, schaukeln, balancieren, Neues entdecken. Wenn das nicht Spaß macht?

8 ZUR BÄRENBADALM AUF DEM VIGILJOCH

TECHNISCHE DATEN

Höhenunterschied
Ca. 150 m

Jahreszeit
Ganzjährig, im Winter Öffnungszeiten beachten

Wegbeschaffenheit
Forststraße oder Wanderweg

Zeitbedarf
Ca. 1½ Stunden

Kartenmaterial
Tabacco, Blatt 046

Schwierigkeitsgrad
🐾🐾
Kinderwagentauglich

Mit Seilbahn und Sessellift auf Lanas Hausberg

Anfahrt: Nach Lana, dort bis zur Talstation der Seilbahn Vigiljoch (an der Ultner Straße). Parkplatz bei der Talstation.

Wegbeschreibung: Mit der modernen Seilbahn gewinnen wir schnell an Höhe und kommen in das wohl einzige verkehrsfreie Gebiet Südtirols, aufs Vigiljoch (1906 m). Schon früh erwähnt und besiedelt, ist der Hausberg von Lana ein beschaulicher Ort mit unzähligen Wandermöglichkeiten und ein wirkliches Familienskigebiet. Wir können zwischen zwei Varianten wählen: mit dem Sessellift (wohl noch eine Rarität) weiter oder zu Fuß den Weg Nr. 13 und dann Nr. 34. Der Sessellift bringt uns in ca. 20 Minuten zum Gasthaus „Sessellift" (1814 m). Von dort folgen wir dem Weg Nr. 4 bis zum Gasthof „Jocher" (1770 m). Hier befinden sich ein Kinderspielplatz und das Wetterkirchlein St. Vigilius (der namengebende Schutzpatron des gesamten Gebiets). Unser Weg führt wei-

ter zum eigentlichen Vigiljoch (1743 m). Dort folgen wir dem Weg Nr. 2 leicht abfallend zur Bärenbadalm (1706 m). Hier erwartet uns ein wunderbarer Blick auf die Dolomiten, den wir von der Sonnenterrasse aus genießen können. Der Rückweg erfolgt entweder mit dem Sessellift oder ab dem Joch zu Fuß über den Nr. 34 bis zur Bergstation der Seilbahn.
Eine weitere Möglichkeit ist die Wanderung zur Schwarzen Lacke (1730 m) mit dem Gasthof „Seespitz". Hierfür wählen wir beim Vigilius-Kirchlein den Weg Nr. 9 und sind – bei gemütlichem Gang – in ½ Stunde angekommen.

Einkehrmöglichkeiten: Gasthaus „Sessellift",
Gasthof „Jocher", Bärenbadalm, „Vigilius Mountain Resort"

Sehenswertes in der Umgebung: Energiepunkt Kirchlein St. Vigilius, Labyrinthgarten in Tscherms

Informationen: Tourismusverein Lana (www.lana.info) und www.vigilio.com

Motivationszuckerle

Heute machen wir es uns einmal ganz gemütlich. Wir fahren mit der Seilbahn und dann vielleicht auch noch mit dem Sessellift …

9 ZUM VÖLLANER BADL OBERHALB VON LANA

TECHNISCHE DATEN

Höhenunterschied
Ca. 250 m

Jahreszeit
Frühsommer bis Herbst

Wegbeschaffenheit
Kurz Teerstraße, dann Forststraße

Zeitbedarf
Ca. 1½ bis 2 Stunden

Kartenmaterial
Tabacco, Blatt 046

Schwierigkeitsgrad
🐾🐾🐾
Kinderwagentauglich

Auf den Spuren alter Badlkultur

Anfahrt: Über Lana Richtung Gampenpass, Abzweigung an der Beschilderung „Völlan“, dort bis ins Dorfzentrum (696 m); Parkmöglichkeit vor Ort.

Wegbeschreibung: Vom Parkplatz aus der Beschilderung „Völlaner Badl“ oder der Markierung Nr. 10 folgen. Anfangs führt der Weg über eine geteerte Straße durch die Obstwiesen. Sanft steigt sie an und kommt am Maixner Hof vorbei. Bald wechselt die Asphaltstraße in eine Forststraße und die Apfelwiesen in Wald. Es geht bergan, Kastanienbäume begleiten den Weg. Wir kommen zu einem weiteren Gehöft, der Weg führt durch eine Schlucht, an einem Mühlrad vorbei. Bequem wird an Höhe gewonnen. Über eine Brücke queren wir das Tal und sind nach ca. 1 Stunde beim Völlaner Badl

(832 m). Schon im 19. Jahrhundert war das Badgasthaus für seine heilenden Bäder bekannt. Diese Tradition wurde wieder belebt und kann gegen Voranmeldung auch von Tagesgästen in Anspruch genommen werden.
Für die Kinder ist auf der großen Wiese vor dem Gasthaus viel Platz zum Spielen. Zudem gibt es einen kleinen Spielplatz direkt neben dem Gastgarten und eine Kegelbahn.
Das Gasthaus nimmt an verschiedenen saisonalen kulinarischen Aktionen teil, so werden während der Törggelezeit entsprechende Spezialitäten kredenzt.
Nach einer Pause setzen wir unsere Wanderung mit dem Weg Nr. 8A fort. Dieser beginnt hinter dem Gasthaus und geht in Serpentinen abwärts. Dann quert er den Bach und verläuft in Richtung St. Hippolyt. Wir bleiben auf der Forststraße, die gemütlich durch den Mischwald verläuft. Nach ca. ½ Stunde öffnet sich dieser Wald und wir können auf die andere Seite der Schlucht blicken. Wir kommen auf die Teerstraße, die links abzweigt (Beschilderung „Völlan") und queren eine Hofstelle. Weiter geht es nicht geteert, etwas steiler abwärts, immer zwischen Obstwiesen und Kastanienhainen. Wir folgen der Markierung Nr. 8, „Jausenstation Talmühle" bzw. „Völlan", die wir nach einem kurzen abenteuerlichen Wegstück erreichen. Dies ist mit 656 m der tiefste Punkt unserer Tour. Nach einer Römerbrücke geht es kurz steil aufwärts und der Kreis schließt sich, wir kommen zum Ausgangspunkt zurück.

Einkehrmöglichkeiten: Völlaner Badl, Jausenstation „Talmühle", Gastbetriebe in Völlan

Sehenswertes in der Umgebung: Bauernmuseum in Völlan, Schloss Lebenberg in Tscherms

Informationen: Tourismusverein Lana (www.lana.info)

Motivationszuckerle

Stell dir vor, beim Gasthaus gibt es einen Spielplatz und eine Kegelbahn und beim Abstieg kommst du an einer alten Mühle vorbei!

VÖLLANER BADL

Nach einer ausgedehnten Wanderung eine Badekur wie „Anno dazumal" genießen. Entspannen und erholen Sie sich im Garten und auf der Sonnenterrasse bei unserer abwechslungsreichen und gutbürgerlichen Küche, während sich die Kleinen auf dem Kinderspielplatz oder auf der Naturkegelbahn austoben.
Im Frühjahr kredenzen wir Brennnessel- und Spargelgerichte und im Herbst zum Törggelen Sußer und Kastanien, sowie Wildgerichte.

Familie Karl Gruber
Naraun – I-39010 Tisens
Tel. +39 0473 568059
voellanerbadl@rolmail.net
Öffnungszeiten: von Anfang März bis Anfang November, 9–19 Uhr
Ruhetag: Freitag

10 VON GRISSIAN ZUR HÜGELKAPELLE ST. APOLLONIA

TECHNISCHE DATEN

Höhenunterschied
Ca. 150 m

Jahreszeit
Frühling bis Spätherbst

Wegbeschaffenheit
Forststraße oder Wanderweg

Zeitbedarf
Ca. 2½ Stunden

Kartenmaterial
Tabacco, Blatt 046

Schwierigkeitsgrad
🐾🐾🐾
Kinderwagentauglich

Unter den Wänden von Schönegg und Gantkofel

Anfahrt: In Prissian auf der orografisch rechten Seite abbiegen (Straßenschildern folgen), bis zum Gasthof „Schmiedl". Parkplatz vor der Ortsfeuerwehr, bei Konsumation auch beim Gasthof.

Wegbeschreibung: Nachdem wir den eindrucksvollen Ausblick auf die Dolomiten lange genug genossen haben, starten wir bei der Feuerwehrhalle und folgen anfänglich noch der Teerstraße. Bald schon mündet diese in eine Forststraße, wo der Grissianer Besinnungsweg mit den sieben Stationen zu den Sakramenten beginnt. Nach ca. 25 Minuten erreichen wir das Kirchlein St. Jakob. Dieses steht auf einem beeindruckenden Aussichtshügel, der uns den weiteren Wegverlauf

erkennen lässt. Um zum Kirchlein zu gelangen, muss ein kurzer, aber steiler Anstieg bewältigt werden. Die Aussicht und die Fresken in der Kirche belohnen für diese Anstrengung allemal. Nach dem Abstieg folgen wir der Forststraße Nr. 7, die uns durch eine vermurte Schlucht führt. Mehrere Aufforstungsprojekte zeugen von der Gewalt der Natur. Der Weg wird etwas steiler und nach ca. ½ Stunde verlassen wir den Wald. Wir können nun die drei Höhenkirchlein St. Hippolyt, St. Apollonia und St. Jakob sehen. Es ist nicht mehr weit bis zu St. Apollonia. Der Anstieg zur Kirche ist mit dem Kinderwagen beschwerlich, doch befindet sich in direkter Nähe das gleichnamige Gasthaus mit einem Kinderspielplatz, wo wir verweilen können.
Der Rückweg erfolgt über den Hinweg.

Einkehrmöglichkeiten: Gasthof „Schmiedl", Grissianerhof, Gasthof „Apollonia"

Sehenswertes in der Umgebung: romanisches Kirchlein St. Jakob (12. Jh.), Kirchlein St. Apollonia (1300)

Informationen: Tourismusverein Tisens-Prissian (www.tisensprissian.com)

Motivationszuckerle

Heute kannst du nach einem etwas steilen Weg zwei ganz alte Kirchlein besichtigen. Du kannst dir ein Bild davon machen, wie es früher vielleicht zugegangen ist. Wir queren ein vermurtes Tal, das mit besonderen Schutzvorrichtungen ausgestattet ist.

11 VON ANDRIAN ZUM BITTNERHOF

TECHNISCHE DATEN

Höhenunterschied
Ca. 250 m

Jahreszeit
Frühjahr und Herbst (Öffnungszeiten Buschenschank beachten)

Wegbeschaffenheit
Forststraße oder breiter Wanderweg, letztes Stück Teerstraße

Zeitbedarf
Ca. 2 bis 2½ Stunden

Kartenmaterial
Tabacco, Blatt 046

Schwierigkeitsgrad
🐾🐾🐾
Kinderwagentauglich

Unterwegs im Etschtal

Anfahrt: Über das Etschtal nach Andrian, durch das Dorf, die Bindergasse hoch bis zur Wandflucht (375 m). Parkmöglichkeit vor Ort.

Wegbeschreibung: Schon bei der Anfahrt können wir Reste der Ruine Festenstein auf dem schmalen Grat erblicken. Wir gehen heute aber nicht zur Ruine, sondern am Wolfsturm vorbei, der Markierung R folgend in Richtung Nals. Wir treffen auf die für diese Gegend typischen Kastanienhaine und auf lichte Mischwälder. Unser Weg ist sanft ansteigend und führt durch schattige Wälder. Unter uns verläuft das Etschtal mit dem gleichnamigen Fluss und der MeBo, Südtirols meistbefahrener Straße. Die Vegetation lässt auf genügend Wasservorkommen schließen: bemooste Steine, Farne und andere Pflanzen. Wir kommen an einem Teich vorbei, der Fische, Lurche und allerlei anderes Getier beherbergt. Bald

schon kommt die erste Steilstufe. Hier ist der Weg zudem etwas steiniger, sodass je nach Auswaschung des Bodens das Schieben des Kinderwagens anstrengend ausfallen kann. Dies betrifft aber nur ein sehr kurzes Wegstück. Vorbei an Apfelwiesen, kommen wir nach einem weiteren etwas steileren Abschnitt zu einem Bauernhof (505 m). Hier sind oft frei lebende Tiere zu sehen.
Unser Weg verläuft nun geteert weiter, durchmisst eine Schlucht und trifft auf die Fahrstraße von Nals. Es sind nur noch ca. 15 Minuten bis zum Buschenschank „Bittnerhof". Dieser ist inmitten von Obstwiesen gelegen und bietet einen schönen Weitblick. Man kann hier saisonale Spezialitäten genießen, so auch Törggelespeisen im Herbst. Es leben hier Kühe, Katzen, Pfauen und ein Hund. Für die Kinder gibt es Platz zum Spielen und es steht eine kleine Sandkiste bereit. Der Rückweg erfolgt über den Aufstiegsweg.

Einkehrmöglichkeiten: Bittnerhof

Sehenswertes in der Umgebung: Schlosskellerei Schwanburg, Ansitz Stachelburg (beides in Nals)

Informationen: Tourismusverein Andrian (www.andrian.info), Tourismusverein Nals (www.nals.info)

Motivationszuckerle

Wer weiß, vielleicht kannst du deinen ersten Pfau sehen, der für dich ein Rad schlägt?

12 VOM SCHNUGGER ZUM TASER

TECHNISCHE DATEN

Höhenunterschied
Ca. 250 m

Jahreszeit
Frühsommer bis Herbst

Wegbeschaffenheit
Forststraße und Wanderweg

Zeitbedarf
Ca. 2 Stunden

Kartenmaterial
Tabacco, Blatt 011

Schwierigkeitsgrad
🐾🐾
Kinderwagentauglich

Unterwegs auf dem Taser Höhenweg

Anfahrt: Über Schenna, der Straße Richtung „Taser" folgen bis zum Berggasthaus „Schnugger" (1354 m). Parkplatz ebendort oder einige Höhenmeter unterhalb des Gasthofs „Schnugger" auf eingezeichnetem Parkplatz (1274 m).

Wegbeschreibung: Wir folgen der Beschilderung „Eggerhof", bleiben aber auf der Straße. Wer nicht mit dem Kinderwagen unterwegs ist, kann auch dem Steig mit der Markierung 18B folgen. Nach ca. 20 Minuten sind wir beim Gasthof „Egger" (1509 m). Dies ist der höchste Punkt unserer Wanderung und zugleich der Einstieg in den Taser Höhenweg, der von Tall (Hirzergebiet) über Videgg bis Falzeben (Hafling) führt. Wir gehen allerdings nur ein ganz kleines Stück davon. Der Weg hat die Markierung Nr. 40 und führt uns durch einen schattigen Wald mit einem netten Bächlein. Hier können die Kinder ein wenig herumstreunen. Der Weg wird etwas ausgesetzter und schmaler, aber ohne je wirklich Probleme zu bereiten. Bald schon lichtet sich der Wald und wir kommen am Gasthof „Greitererhof" (1470 m) vorbei, der eine schöne Aussichtsterrasse mit Blick auf das Burggrafenamt bietet. Von hier ist es nicht mehr weit bis zur Familienalm „Taser" (1450 m). Wir bleiben auf dem Weg Nr. 40, der alsbald in eine Forststraße und dann in eine geteerte Straße übergeht. Vor uns öffnet sich der Wald und wir erblicken die schöne Wiese mit unserem Ziel. Beim Taser gibt es einen Streichelzoo (u. a. Lamas, Ziegen, Hasen) und einen tollen Spielplatz für die Kinder. Wer etwas abenteuerlicher unterwegs sein möchte, kann den hauseigenen Hochseilgarten besteigen. Hierzu ist allerdings eine Anmeldung erforderlich (www.familienalm.com). Der Rückweg zum Schnugger erfolgt über die Straße in ca. 20 Minuten.

Einkehrmöglichkeiten: Berggasthof „Schnugger", Berggasthof „Egger", Gasthof „Greitererhof", Familienalm „Taser"

Sehenswertes in der Umgebung: Die Gärten von Schloss Trauttmansdorff, Schloss Schenna, Mausoleum in Schenna, Schloss Tirol in Dorf Tirol

Informationen: Tourismusverein Schenna (www.schenna.com)

Motivationszuckerle

Heute kommst du zu einem Streichelzoo und einem tollen Spielplatz, und vielleicht darfst du sogar in den abenteuerlichen Hochseilgarten!

13 VOM PIFFINGER KÖPFL ZUR WAIDMANNALM

TECHNISCHE DATEN

Höhenunterschied
Ca. 150 m

Jahreszeit
Frühsommer bis Herbst, im Winter auch erreichbar

Wegbeschaffenheit
Forststraße oder breiter Wanderweg

Zeitbedarf
Ca. 2 Stunden

Kartenmaterial
Tabacco, Blatt 011

Schwierigkeitsgrad
🐾🐾
Kinderwagentauglich

Unterwegs auf dem Hochplateau von Meran 2000

Anfahrt: Über Meran bis in die Naif, dort Talstation der Seilbahn Meran 2000. Parkmöglichkeit vor Ort.

Wegbeschreibung: Für die heutige Wanderung benutzen wir die neue Seilbahn Meran 2000. Sie bietet Platz für 120 Fahrgäste und ist in ca. 7 Minuten auf fast 2000 m Seehöhe. Von der Bergstation gehen wir zum Piffinger Köpfl, wo wir ein überwältigendes Panorama erleben können: Dolomiten, Brenta, Ortlergruppe, Texelgruppe sind unsere nahen und fernen Blickpartner.
Wir folgen der Beschilderung „Waidmannalm" und der Markierung Nr. 18. Nach einem kurzen Wegstück kommen wir an eine Wegkreuzung, wir biegen rechts ab und bleiben auf dem Weg Nr. 18A. Er führt durch einen dichten Wald und quert einen Bach. Der Wegverlauf ist bequem, nur leicht

ansteigend. Wir lassen den Wald hinter uns und erblicken das Ifingermassiv zu unserer Linken. Den eigentlichen Gipfel kann man nicht sehen, er ist etwas nach hinten versetzt. Nach gut 45 Minuten erreichen wir den Kuhleitengröben. Hier überqueren wir neuerlich einen kleinen Bach und es geht kurz etwas steiler bergauf. Wir befinden uns nun im Herzen des Gebietes Meran 2000. Im Winter ist hier Skibetrieb, in der warmen Jahreszeit geben die Wanderer den Ton an. Der Blick zu den Dolomiten ist besonders in den frühen Abendstunden beeindruckend.
Den kurzen Anstieg hinter uns, haben wir auch schon die Waidmannalm (2040 m) erreicht (www.meran-2000.it). Hier können wir Rast machen und uns stärken. Für die Kinder ist reichlich Platz zum Spielen und Laufen vorhanden.
Für den Rückweg wählen wir entweder dieselbe Route oder den unwesentlich längeren oberen Weg Nr. 3, der zuerst, bis zur Liftstation (kein Betrieb in den Wandermonaten), ansteigt und dann parallel zum Hinweg verläuft.
Beim Piffinger Köpfl befindet sich der „Alpin Bob", die längste Schienenrodelbahn Italiens (www.hafling-meran2000.eu).

Motivationszuckerle

Am Ende der Wanderung kommen wir zum „Alpin Bob". Da braust du dann ganz schnell mit der Rodel über die Piste hinunter, und wer weiß: vielleicht darfst du dann ja gleich noch einmal fahren!

Einkehrmöglichkeiten: Waidmannalm, Berggasthaus „Piffinger Köpfl", Rotwandhütte, Zuegghütte

Sehenswertes in der Umgebung: Landesfürstliche Burg in Meran, Therme Meran, Bierbrauerei Forst bei Meran

Informationen: Tourismusverein Meran (www.meran.eu/de)

14 ÜBER DAS KNOTTNKINO ZUM GASTHAUS „WALDBICHL"

TECHNISCHE DATEN

Höhenunterschied
Ca. 360 m

Jahreszeit
Sommer und Herbst, im Winter Schneeverhältnisse beachten

Wegbeschaffenheit
Kurz Teerstraße, dann Forststraße oder breiter Wanderweg

Zeitbedarf
Ca. 3 bis 3½ Stunden

Kartenmaterial
Tabacco, Blatt 011

Schwierigkeitsgrad
🐾🐾🐾
Kinderwagentauglich

Einer der schönsten Aussichtspunkte der Welt

Anfahrt: Von Meran kommend Richtung Vöran bis zum Gasthof „Alpenrose", dort links abzweigen (1310 m). Parkplatz oberhalb des Gasthofs „Alpenrose".

Wegbeschreibung: Das Knottnkino befindet sich auf dem Rotsteinkogel. Dieser ist vulkanischen Ursprungs und gehört zu einer Gruppe von drei Kogeln (Rotsteinkogel, Beimsteinkogel, Untersteinkogel). Er ist ein porphyrroter, tuffförmiger Kogel, auf dem sich ein Aussichtspunkt mit 30 Kinosesseln aus Stahl und Kastanienholz befindet. Diese Installation stammt vom Rittner Künstler Franz Messner. Der Ausblick auf die umliegende weite Bergwelt ist einzigartig. Eine Stahltafel informiert über die Vielzahl an Gipfeln und Bergen.

Vom Parkplatz aus folgen wir der geteerten Straße bis zu einem Sattel, wo wir zum Knottnkino (1449 m) abzweigen und der Beschilderung Nr. 14 folgen. Der Anstieg ist kurz, aber stellenweise etwas steil, sodass er mit Kinderwagen beschwerlich ist. Die Aussicht lohnt die Mühen, es empfiehlt sich unbedingt, etwas Zeit einzuplanen, um das Panorama zu genießen. Zudem ist der umliegende Wald ideal zum Spielen für die Kinder. Bis hierher benötigen wir ungefähr 50 Minuten. Wer die Anstrengung scheut, bleibt unten auf dem Sattel und folgt weiter der Straße mit der Markierung Nr. 11 Richtung Leadner Alm. Die Straße geht in eine Forststraße über und gewinnt über eine Schleife an Höhe. Wir umrunden den Hirschenbichl und kommen an saftigen Wiesen und lauschigen Plätzen vorbei. Nach einem kurzen Abstieg gelangen wir zu einem weiteren Sattel (1457 m), wo sich ein Biotop und eine acht Meter große Heugabel samt Rechen befindet. Hier sind wir schon fast am Ziel, folgen der Straße bis zum Gasthof „Waldbichl" (1500 m), den wir nach einer guten Stunde ab der Abzweigung zum Knottnkino erreichen. Hier gibt es einen Spielplatz für die Kinder und eine Sonnenterrasse.
Im Winter besteht die Möglichkeit, bei der Leadner Alm (1514 m) zu rodeln. Sie befindet sich nahe dem Gasthof „Waldbichl".
Der Rückweg erfolgt über den Hinweg.

Einkehrmöglichkeiten: Gasthof „Alpenrose", Leadner Alm, Gasthof „Waldbichl"

Sehenswertes in der Umgebung: Schloss Schenna, Kirche St. Kathrein in Hafling

Informationen: Ferienregion Hafling-Vöran-Meran 2000 (www.hafling-meran2000.eu)

Motivationszuckerle

Warst du schon einmal in einem wirklichen Freilichtkino? Du kannst hier schauen und schauen, findest immer wieder etwas Neues. Komm mit und lass dich überzeugen!

ULTENTAL UND DEUTSCHNONSBERG

15 ZUR RIEMERBERGLALM IM ULTENTAL

TECHNISCHE DATEN

Höhenunterschied
Ca. 375 m

Jahreszeit
Sommer und Herbst

Wegbeschaffenheit
Kurz Teerstraße, dann Forststraße oder breiter Wanderweg

Zeitbedarf
Ca. 2½ Stunden

Kartenmaterial
Tabacco, Blatt 042

Schwierigkeitsgrad
🐾🐾🐾
Kinderwagentauglich

Ein uriges altes Almgebäude

Anfahrt: Durch das Ultental bis St. Walburg, rechts hinauf, der Beschilderung „Larcherberg" folgend bis zum Hof Simian (1754 m). Parkmöglichkeit längs der Straße und Parkplatz.

Wegbeschreibung: Unser Startpunkt auf 1700 m erlaubt uns einen weitreichenden Blick auf das Ultental und seine Gipfel. Wir wenden uns nach dem Hof Simian dem Weg Nr. 4 zu, der anfangs ein wenig steil verläuft, bis er in eine Forststraße mündet. Wer die Anstrengung scheut, kann jedoch auch der Teerstraße folgen, bei Riem links auf die Forststraße abzweigen und so das kurze steile Stück vermeiden.
Unser Weg gewinnt über einige Kehren an Höhe, immer im Lärchenwald verlaufend. Mit dem Kinderwagen bleiben wir auf der Forststraße, ein Voraustrupp kann natürlich auch den Wanderweg wählen.

Der Wald wird lichter, wir kommen zu Almwiesen. Über uns befinden sich die Muttegrubspitze und der Hohe Dieb. Nach bequemen 1½ Stunden erreichen wir unser Ziel, die Riemerberglalm (2049 m). Diese Alm hat sich ihre Urigkeit und Ruhe bewahrt, es scheint fast, als wäre die Zeit stehen geblieben. Von hier aus hat man einen wunderbaren Blick auf die Schwemmalm, die St.-Moritz-Kirche und auf die Gipfel der Umgebung.

Wer weiterwandern möchte, kann über den Weg 4B in ca. 1 Stunde zur Marschnellalm (2212 m) gehen und von dort aus zum Parkplatz zurückkehren oder über den Weg Nr. 4 zu den Koflraster Seen (2405 m) aufsteigen (nicht mit dem Kinderwagen möglich).

Der Rückweg erfolgt über die Aufstiegsroute.

Einkehrmöglichkeiten: Riemerberglalm

Sehenswertes in der Umgebung: Talmuseum in St. Nikolaus, Nationalparkhaus „Lahnersäge" und Urlärchen in St. Gertraud

Informationen: Tourismusverein Ultental-Deutschnonsberg (www.ultental-deutschnonsberg.info)

Motivationszuckerle

Wenn du eine wirklich alte Alm sehen willst, dann solltest du heute unbedingt mitkommen!

16 ZUR MARIOLBERGER ALM BEI ST. HELENA IM ULTENTAL

TECHNISCHE DATEN

Höhenunterschied
Ca. 225 m

Jahreszeit
Ganzjährig, im Winter Öffnungszeiten beachten

Wegbeschaffenheit
Forststraße

Zeitbedarf
Ca. 2 bis 2½ Stunden

Kartenmaterial
Tabacco, Blatt 042

Schwierigkeitsgrad
🐾🐾🐾
Kinderwagentauglich

Unterwegs im einsamen Kirchbachtal

Anfahrt: Durch das Ultental bis nach St. Pankraz, rechts hinauf ins Kirchbachtal, weiter bis zu den Kaserbachhöfen (1451 m). Parkmöglichkeit längs der Straße oder auf dem kleinen Parkplatz.

Wegbeschreibung: Das Ziel dieser Wanderung kann leicht für Verwirrung sorgen. Es gibt wieder einmal mehrere Namen für ein und denselben Ort oder Hof: Mariolberger Alm oder Falkomai-Kuhalm.
Wir parken bei den Kaserbachhöfen oder kurz vor der Schranke, welche die Fahrstraße absperrt. Unser Aufstieg erfolgt über die Forststraße mit der Markierung 9A. Es geht ohne große Mühen durch einen schönen Wald. Ab und zu ist uns ein Blick talauswärts gegönnt und wir können das Gebiet der

Naturnser Alm und die Hochwart sehen. Wir umrunden fast den gesamten Mariolberg, bis wir – bei gemütlichem Gang – nach ca. 1 Stunde die liebliche Mariolberger Alm (1661 m), erreichen. Hier kann man rasten und sich stärken, die Kinder haben viele Möglichkeiten, zu spielen.
Im Winter kann man sich den Abstieg mit der Rodel versüßen! Doch sollte man sich während der kalten Jahreszeit unbedingt vorher informieren, ob die Alm geöffnet hat.
Wer noch weitergehen möchte, kann bis zur Inneren (2051 m) und dann zur Äußeren Falkomaialm (2136 m) wandern.
Der Rückweg erfolgt über die Aufstiegsroute.

Einkehrmöglichkeiten: Mariolberger Alm

Sehenswertes in der Umgebung: Kirchlein St. Helena, „Häusl am Stoan" unterhalb von St. Pankraz, Nationalparkhaus „Lahnersäge" und Urlärchen in St. Gertraud

Informationen: Tourismusverein Ultental-Deutschnonsberg (www.ultental-deutschnonsberg.info)

Motivationszuckerle

Auf der Alm kannst du dir etwas Gutes zum Essen bestellen und beim Sandkasten kannst du spielen!

17 ZUR JAUSENSTATION „STEINRAST" IM ULTENTAL

TECHNISCHE DATEN

Höhenunterschied
Ca. 225 m

Jahreszeit
Ganzjährig, im Winter Öffnungszeiten beachten

Wegbeschaffenheit
Forststraße oder breiter Wanderweg

Zeitbedarf
Ca. 2 Stunden

Kartenmaterial
Tabacco, Blatt 042

Schwierigkeitsgrad
🐾🐾🐾
Kinderwagentauglich

Wanderung im Schwemmalmgebiet

Anfahrt: Durch das Ultental bis nach Kuppelwies, dort rechts hinauf, der Beschilderung „Schwemmalm" folgen bis zum Hotel „Weiberhimml" (1520 m). Parkmöglichkeit vor Ort.

Wegbeschreibung: Vom Parkplatz aus halten wir uns orografisch rechts und zweigen schon bald in die Rodelbahn ab. Unser Weg führt durch einen abwechslungsreichen Wald, wo es immer wieder etwas zu entdecken gibt, und seien es die schmackhaften Waldbeeren. Zu unserer Rechten begleitet uns ein rauschender Bach, zu unserer Linken schlängelt sich ein kleines Bächlein talwärts. Wir folgen der Rodelbahn mit der Markierung Nr. 9, der Weg ist mannigfaltig und bequem zu gehen. Bald schon haben wir unsere Höhe erreicht, wir kommen aus dem Wald und erblicken die Weite des Tals mit

dem mäandernden Bach. Nach einer gemütlichen Stunde erreichen wir die Jausenstation „Steinrast" (1723 m), wo wir uns ausruhen und die Kinder in der Sandkiste spielen können. Wer noch weiterwandern möchte, kann bis zur Kuppelwieser Alm (1906 m) gehen. Dies ist bequem mit dem Kinderwagen möglich (Teerstraße). Den Talschluss bildet der Arzkar-Stausee (2250 m), der über die Kuppelwieser Alm zu erreichen ist. Im Winter kann man diesen Ausflug je nach Schneelage mit der Rodel machen.
Der Abstieg erfolgt über den Aufstiegsweg.

Einkehrmöglichkeiten: Jausenstation „Steinrast", Gasthof „Weiberhimml"

Sehenswertes in der Umgebung: Talmuseum in St. Nikolaus, Nationalparkhaus „Lahnersäge" und Urlärchen in St. Gertraud

Informationen: Tourismusverein Ultental-Deutschnonsberg (www.ultental-deutschnonsberg.info)

Motivationszuckerle

Es gibt ein wunderschönes Tal mit einem tollen Bach. Hier lässt es sich gut spielen!

18 ZUR KIRCHBERGALM IM HINTEREN ULTENTAL

TECHNISCHE DATEN

Höhenunterschied
Ca. 400 m

Jahreszeit
Sommer und Herbst

Wegbeschaffenheit
Forststraße oder breiter Wanderweg

Zeitbedarf
Ca. 2½ bis 3 Stunden

Kartenmaterial
Tabacco, Blatt 042

Schwierigkeitsgrad
🐾🐾🐾
Kinderwagentauglich

Das Tal zum Spielen am Bachbett

Anfahrt: Durch das Ultental bis nach St. Gertraud, dort zur Pfarrkirche (1519 m). Parkmöglichkeit vor Ort.

Wegbeschreibung: Wir lassen das Auto auf dem Parkplatz bei der Kirche stehen und folgen der Markierung Nr. 106, einem spannenden Weg durch Wiesen und Wälder. Ein malerisches Bächlein begleitet uns, es ist hier schwierig, die Kinder zum Weitergehen zu bewegen! Nach einer Holzbrücke geht es kurz etwas steil aufwärts, aber bald schon sind wir auf der Forststraße, die wir nicht mehr verlassen (außer einmal bei Lust auf Abkürzung). Von nun an hat der Weg die Markierung Nr. 108. Es geht bergauf bis zur nicht bewirtschafteten Köllgrubalm (1638 m). Hier weitet sich das Tal und bietet den Kühen Platz zum Weiden. Wir gehen weiter, lassen die ver-

fallene Enzianhütte rechterhand liegen und folgen einigen Serpentinen oder nehmen die Abkürzung. Mit dem Kinderwagen empfiehlt es sich, auf der Forststraße zu bleiben. Im Frühsommer können im Tal noch Lawinenreste von der Kraft der Natur Zeugnis geben. Wieder auf der Forststraße, sind wir fast schon am Ziel, bei der Kirchbergalm (auch Kirchbergkaser) auf 1887 m, angelangt. Hier werden Butter und Käse produziert. Für die Kinder ist Platz zum Spielen am nahe gelegenen Bachbett oder auf den Wiesen, für die Erwachsenen gibt es Essen und Trinken (für die Kleinen natürlich auch).
Wer weitergehen möchte, kann der Forststraße folgen, bis zum Haselgruber Joch/Rabbijoch (2460 m) aufsteigen und dann zur Haselgruber Hütte (2425 m) queren (ohne Kinder etwa weitere 2 Stunden).
Der Rückweg erfolgt über den Aufstiegsweg.

Einkehrmöglichkeiten: Gasthäuser in St. Gertraud, Kirchbergalm (Kirchbergkaser)

Sehenswertes in der Umgebung: Talmuseum in St. Nikolaus, Nationalparkhaus „Lahnersäge" und Urlärchen in St. Gertraud

Informationen: Tourismusverein Ultental-Deutschnonsberg (www.ultental-deutschnonsberg.info)

Motivationszuckerle

Heute geht es in ein Tal mit vielen Stauseen, die machen alle Strom! Das kannst du alles vom Auto aus sehen. Auf der Wanderung gibt es dann ganz viele Plätze zum Spielen, flache Wiesen und in der Mitte einen Bach.
Für die Mamis: Fast keine Gefahr beim Spielen, nur toll!

19 ZUR LAUREINER ALM AUF DEM DEUTSCHNONSBERG

TECHNISCHE DATEN

Höhenunterschied
Ca. 150 m

Jahreszeit
Sommer und Herbst

Wegbeschaffenheit
Forststraße

Zeitbedarf
Ca. 2½ Stunden

Kartenmaterial
Tabacco, Blatt 042

Schwierigkeitsgrad
🐾🐾🐾
Kinderwagentauglich

Unterwegs in den deutschen Gemeinden

Anfahrt: Über das Ultental und die Proveiser Straße nach Deutschnonsberg bis zum Parkplatz Hofmahd (1695 m) nach dem Tunnel. Parkmöglichkeit vor Ort.

Wegbeschreibung: Die neue, nicht ganz unumstrittene Straße verbindet das Ultental mit dem Deutschnonsberg und stellt die kürzeste Straßenverbindung für die deutschen Gemeinden Proveis und Laurein dar. Sie untertunnelt das geschichtsträchtige Hofmahdjoch (1785 m) mit der Castrinalm und führt nach Proveis. Gleich am Ende des Tunnels befindet sich der Parkplatz. Wir folgen der Forststraße mit der Markierung Nr. 28. Anfänglich verläuft die Trasse etwas ansteigend,

wird aber bald bequemer. Nach ca. 45 Minuten eröffnet sich uns der Blick auf die südlich gelegene Brentagruppe. Unser Weg beginnt etwas steiler zu werden und schlängelt sich die letzten 15 Minuten zur Laureiner Alm (1779 m) hinauf. Hier können wir Rast halten und sowohl die Dolomiten im Osten als auch die Brenta im Süden sehen.
Der Rückweg erfolgt über den Hinweg.

Einkehrmöglichkeiten: Laureiner Alm

Sehenswertes in der Umgebung: Castelfondo

Informationen: Tourismusverein Ultental-Deutschnonsberg (www.ultental-deutschnonsberg.info)

Motivationszuckerle

Heute besuchst du eine urige Alm mit vielen Tieren, und vielleicht gibt's ja einen guten Kaiserschmarrn?

20 UNTERWEGS ZUR UNTEREN KESSELALM

TECHNISCHE DATEN

Höhenunterschied
Ca. 50 m

Jahreszeit
Frühsommer bis Herbst

Wegbeschaffenheit
Forststraße und breiter Wanderweg

Zeitbedarf
Ca. 1½ Stunden

Kartenmaterial
Tabacco, Blatt 042

Schwierigkeitsgrad
🐾🐾
Kinderwagentauglich

Von Alm zu Alm unter dem Kornigl

Anfahrt: Über das Ultental und die Proveiser Straße bis nach dem Tunnel, zum Parkplatz Hofmahd.

Wegbeschreibung: Beim Parkplatz queren wir die Passstraße und folgen der Forststraße mit der Markierung Nr. 8 in Richtung Clozalm (1732 m), die wir gemütlich in 15 Minuten erreichen können. Die Alm ist während der Sommermonate bewirtschaftet und lädt zum Verweilen ein. Bequem wandern wir 10 Minuten weiter bis zur Rawauer Alm/Revoalm (1734 m). Immer wieder begleiten uns Kühe und anderes Weidegetier und es eröffnet sich uns ein weiter Blick über das Nonstal. Über uns sind die Gipfel Kornigl und Hochwart, die das Ultental vom Deutschnonsberg trennen. Wer möchte, kann hier Mittagsrast halten und das wunderbare Panorama auf sich wirken lassen. Für die Kinder ist jedenfalls genügend Platz zum Spielen da. Wir wollen aber noch weiter, verlassen die Forststraße und wählen den relativ neuen Erlebnisweg in Richtung Untere Kesselalm (1715 m). Diese erreichen wir nach etwa 15 Minuten.

Seit 2009 gibt es einen Erlebnisweg, von der Forstbehörde und den Deutschnonsberger Gemeinden errichtet, der über das spannungsgeladene Verhältnis zwischen den zwei Sprachkulturen des Deutschnonsbergs informiert. Der Weg beginnt gleich beim Parkplatz und umfasst 14 Stationen (www.provinz.bz.it/forst/download/Anfangstafel.pdf).
Die Gehzeit hängt davon ab, wie lange man sich bei den einzelnen Stationen aufhält; bis zur Unteren Kesselalm sind es vier. Der Erlebnisweg führt weiter bis nach Proveis und kann eine schöne Fortführung unserer Wanderung darstellen, allerdings ist davor zu überlegen, ob die Kondition ausreicht und wie man von Proveis zum Parkplatz zurückkommt.
Wir wählen für die Rückkehr den Hinweg.

Einkehrmöglichkeiten: Clozalm, Rawauer Alm/Revòalm, Untere Kesselalm, Gasthäuser in Proveis

Sehenswertes in der Umgebung: Stauseen im Ultental, Talmuseum in St. Nikolaus, Nationalparkhaus „Lahnersäge" und Urlärchen in St. Gertraud

Informationen: Tourismusverein Ultental-Deutschnonsberg (www.ultental-deutschnonsberg.info)

Motivationszuckerle

Es geht von Station zu Station und immer wieder gibt es etwas Spannendes zu erfahren. Also komm mit!

21 TRIASSIC PARC AM GAMPENPASS

TECHNISCHE DATEN

Höhenunterschied
Ca. 200 m

Jahreszeit
Ganzjährig, je nach Schneelage

Wegbeschaffenheit
Anfangs Teerstraße, dann breiter Wanderweg

Zeitbedarf
Ca. 2 Stunden

Kartenmaterial
Tabacco, Blatt 042

Schwierigkeitsgrad
Kinderwagentauglich

Auf den Spuren der Dinosaurier im Mittelgebirge

Anfahrt: Über den Gampenpass bis nach Unsere Liebe Frau im Walde (1355 m). Parkplatz: im Dorfzentrum.

Wegbeschreibung: Unsere Liebe Frau im Walde ist ein bekannter Wallfahrtsort mit einer schönen Kirche. In ihrer Nähe stellen wir das Auto ab. Man kann hierher auch sehr gut mit öffentlichen Verkehrsmitteln gelangen, da ein Linienbus von Lana direkt zum Wallfahrtsort fährt. Von der Kirche aus sehen wir schon den ersten Dinosaurier, der uns orografisch links vom malerischen Dorfteich entgegenblickt. Anfänglich führt unser Weg leicht ansteigend über eine schmale Straße. Beim Gasteighof beginnt der ungeteerte Abschnitt. Immer wieder kommen wir an einer Skulptur oder einer Schautafel vorbei. Der bequeme Weg verläuft durch einen Mischwald, parallel zum talwärts fließenden Bach. Wer Glück hat, begegnet weidenden Pferden, die sich hier sichtbar wohlfühlen. Nach

einer guten Stunde haben wir den Gampenpass (1518 m) erreicht. Hier befindet sich das Bunkermuseum, errichtet in einem kleinen Teil des riesigen Bunkersystems unter dem Gampenpass. Die Anlage war Teil der Sperrlinie Bozen-Süd, der letzten Sperrlinie des Alpenwalls im Zweiten Weltkrieg. Wir folgen dem Aufstiegsweg bis zum Hof Gasteig. Ab hier können wir orografisch rechts den Pilgerweg gehen, der uns direkt zum Ausgangspunkt zurückführt. Dieser Abschnitt ist mit dem Kinderwagen möglich, aber beschwerlich.
Dieser kurze Ausflug lässt sich gut mit einem Besuch bei den saisonalen Spezialitätenwochen des Deutschnonsbergs kombinieren. Dazu zählen die Löwenzahn- und Radicchiowochen in den Jahreszeiten Frühjahr und Herbst.

Einkehrmöglichkeiten: Gastbetriebe in Unsere Liebe Frau im Walde am Gampenpass

Sehenswertes in der Umgebung: Bunkermuseum am Gampenpass (www.gampengallery.it), Wasserfall in St. Felix (75 m Fallhöhe)

Informationen: Tourismusverein Ultental-Deutschnonsberg (www.ultental-deutschnonsberg.info)

Motivationszuckerle

Wolltest du nicht immer schon einmal den Spuren eines Dinosauriers folgen? Auf dieser Wanderung kannst du ein bisschen Vergangenheit schnuppern und Dino und Co. antreffen.

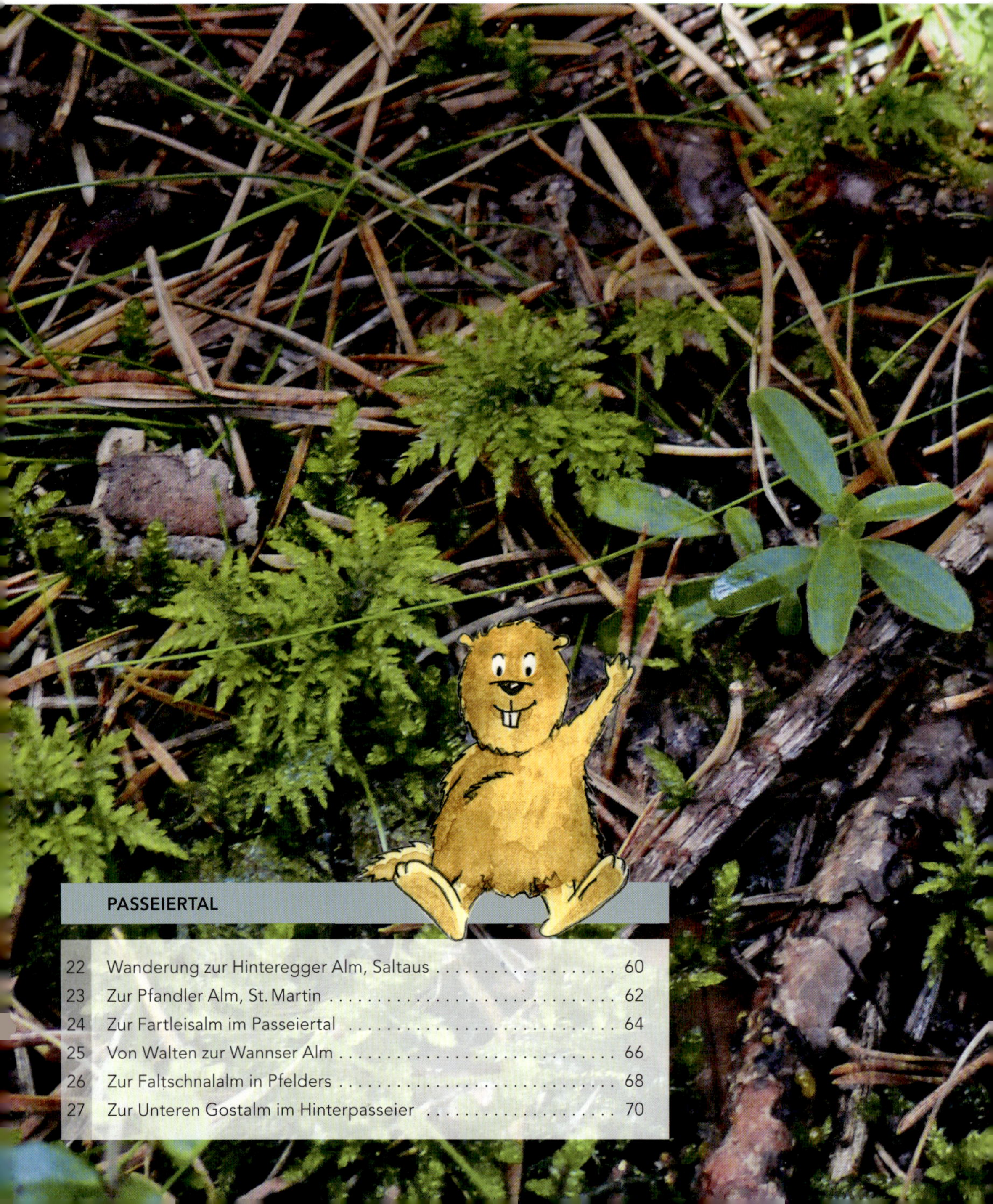

PASSEIERTAL

22 WANDERUNG ZUR HINTEREGGER ALM

TECHNISCHE DATEN

Höhenunterschied
Ca. 150 m

Jahreszeit
Sommer und Herbst

Wegbeschaffenheit
Forststraße

Zeitbedarf
Je nach Ziel ca. 2 oder 2½ Stunden

Kartenmaterial
Tabacco, Blatt 011

Schwierigkeitsgrad
🐾🐾
Kinderwagentauglich

Unterwegs im Hirzergebiet

Anfahrt: Durch das Passeiertal bis nach Saltaus, dort zur Talstation der Hirzer Seilbahn (Parkplatz) und mit der Bahn hinauf nach Klammeben (Bergstation, 1976 m).

Wegbeschreibung: Das Hirzergebiet ist nicht nur ein schönes Wandergebiet, sondern wird auch von Paraglidern sehr geschätzt. Unzählige Wagemutige starten bei entsprechenden Bedingungen täglich von Klammeben (Bergstation) und von Tall (Mittelstation). Wir wandern gemütlich von der Bergstation der Seilbahn in ca. 15 Minuten zur Hirzerhütte (1983 m). Hier gibt es eine schöne Spielwiese für die Kinder und ein wunderbares Panorama für die Eltern. Wer den Blick aufwärtsrichtet, sieht das beeindruckende Hirzermassiv mit

seinen Gipfeln Hirzer (2781 m) und Hönigspitze (2695 m). Unsere Wanderung führt ein Stück über den bekannten Europäischen Fernwanderweg E5, der vom Bodensee bis zur Adria verläuft. Wir folgen der Beschilderung „Hinteregger Alm" und wandern etwas bergan. Nach einer leichten Rechtsbiegung verläuft der Weg abfallend, inmitten von Almrosen. Wir können unser Ziel, die Hinteregger Alm (1974 m), nun schon sehen und erreichen es, bei gemütlichem Gang, nach ca. 1 Stunde. Hier lässt es sich gut verweilen, ein kleiner Bach fließt vorbei, sodass die Kinder gut spielen können.
Wer weitergehen möchte, folgt dem Weg für weitere 20 Minuten bis zur urigen Mahdalm (1990 m).
Der Rückweg erfolgt über den Hinweg.

Einkehrmöglichkeiten: Hinteregger Alm, Mahdalm, Klammeben, Schildhof „Saltauserhof" in Saltaus

Sehenswertes in der Umgebung: Schildhof Saltaus, Andreas-Hofer-Museum (www.museum-passeier.it) in St. Leonhard in Passeier, Die Gärten von Schloss Trauttmansdorff in Meran

Informationen: Tourismusverein Passeiertal (www.passeiertal.it) und (www.hirzer.info)

Motivationszuckerle

Damit du es heute nicht zu anstrengend hast, fahren wir mit einer Seilbahn! Die bringt dich ganz schnell und ganz weit oben in der Luft auf den Berg hinauf!

23 ZUR PFANDLER ALM

TECHNISCHE DATEN

Höhenunterschied
Ca. 300 m

Jahreszeit
Frühsommer bis Herbst

Wegbeschaffenheit
Forststraße oder Wanderweg

Zeitbedarf
Ca. 2 Stunden

Kartenmaterial
Tabacco, Blatt 039

Schwierigkeitsgrad
🐾🐾🐾
Kinderwagentauglich

Wo Andreas Hofer seine letzten Tage verbrachte

Anfahrt: Durch das Passeiertal bis nach St. Martin, dort, von Meran kommend, die erste Abzweigung rechts, die Passer überqueren, der Beschilderung folgen bis zum Berggasthaus „Pfandler Hof" (1093 m). Parkplatz ebendort oder eine Kehre weiter bei der Schranke.

Wegbeschreibung: Vom Pfandler Hof folgen wir der geteerten Straße, die leicht ansteigend verläuft. Nach einer Kehre geht es bald schon in den Wald. Wer mit dem Kinderwagen unterwegs ist, bleibt auf dem nunmehr nicht geteerten Forstweg. Ohne Kinderwagen kann man den Fußweg Nr. 1 oder E5 wählen. Letzterer ist hier Teil des Andreas-Hofer-Gedächtnisweges und führt uns anhand von Informationstafeln in die bewegte Geschichte der Tiroler Freiheitskämpfer ein. Der Weg ist zwar ab und zu steil, aber lohnenswert, verläuft er doch durch einen romantischen Wald mit bemoosten Steinen und märchenhaftem Baumwuchs. Weg und Forststraße

kreuzen einander immer wieder, sodass man sich gut in zwei Gruppen aufteilen kann: eine mit Kinderwagen und eine ohne, man trifft einander immer wieder.
Nach einer guten Stunde (ab Pfandler Hof) lichtet sich der Wald, der Weg wird flach und wir sind bei der Pfandler Alm (1332 m). Ganz in der Nähe befindet sich eine kleine Almhütte, wo Andreas Hofer seine letzten Tage in Freiheit verbrachte, bevor er an die Franzosen verraten wurde (im Jahr 1810). Wer mehr über die damaligen Geschehnisse wissen möchte, sollte unbedingt das multimediale Andreas-Hofer-Museum beim Sandwirt in St. Leonhard besuchen.
Für die Kinder ist ein kleiner Spielplatz vorhanden und ausreichend Platz, wo sie sich austoben können.
Der Abstieg erfolgt über den Aufstiegsweg.

Einkehrmöglichkeiten: Pfandler Alm, Pfandler Hof

Sehenswertes in der Umgebung: Andreas-Hofer-Museum in St. Leonhard in Passeier (www.museum-passeier.it), Die Gärten von Schloss Trauttmansdorff in Meran

Informationen: Tourismusverein Passeiertal (www.passeiertal.it)

Motivationszuckerle

Weißt du, wer Andreas Hofer war? Nein? Dann solltest du heute mitkommen. Wir gehen nämlich dorthin, wo er herkommt und wo er sich am Ende auch versteckt gehalten hat. Außerdem gibt es wieder tolle Spielplätze.

24 ZUR FARTLEISALM IM PASSEIERTAL

TECHNISCHE DATEN

Höhenunterschied
Ca. 375 m

Jahreszeit
Sommer und Herbst

Wegbeschaffenheit
Forststraße

Zeitbedarf
Ca. 2½ Stunden

Kartenmaterial
Tabacco, Blatt 039

Schwierigkeitsgrad

Kinderwagentauglich

Unterwegs im einsamen Tal

Anfahrt: Durch das Passeiertal bis nach St. Martin, von Meran kommend die erste Abzweigung rechts, die Passer überqueren, der Beschilderung folgen bis oberhalb von Prantach, in einer Kehre links auf die schmale Straße abbiegen (Beschilderung „Fartleis"). Parkplatz bei den Fartleishöfen (1110 m).

Wegbeschreibung: Wir folgen der Straße, anfänglich steil aufwärts bis hinter die Fartleishöfe, von wo es nicht mehr geteert weitergeht. Es wechseln angenehme Wegstücke mit etwas anstrengenderen ab. Der Fartleisbach ist unser steter Begleiter. Man kann den Weg über die Forststraße immer wieder über gut markierte Wanderwege abkürzen. Es umgibt uns ein schöner Mischwald. Das Tal ist eng und die

Wände sind steil. Nach einer guten Stunde öffnet sich das Tal und wir können die Fartleisalm (1460 m), auch Prantacher Alm genannt, sehen, dahinter die mächtige Wandflucht der Alpler- und der Pfandelspitze, die den Talkessel beeindruckend abschließen. Auf der Alm werden wir von weidenden Tieren begrüßt und können uns stärken. Die Kinder haben einen Bach und eine weitläufige Umgebung zu erkunden.
Wer noch weitergehen möchte (ohne Kinderwagen), kann einen Abstecher auf die höher gelegene Hühnerspielalm (2095 m) machen.
Der Rückweg erfolgt über den Hinweg.

Einkehrmöglichkeit: Fartleisalm

Sehenswertes in der Umgebung: Andreas-Hofer-Museum in St. Leonhard in Passeier (www.museum-passeier.it), Die Gärten von Schloss Trauttmansdorff in Meran

Informationen: Tourismusverein Passeiertal (www.passeiertal.it)

Motivationszuckerle

Wenn dein Papi sein Fernglas mitnimmt, kannst du schauen und vielleicht ein paar Gämsen entdecken!

25 VON WALTEN ZUR WANNSER ALM

TECHNISCHE DATEN

Höhenunterschied
Ca. 250 m

Jahreszeit
Sommer und Herbst

Wegbeschaffenheit
Forststraße

Zeitbedarf
Je nach Ziel ca. 2 bis 3 Stunden

Kartenmaterial
Tabacco, Blatt 039

Schwierigkeitsgrad
🐾🐾🐾
Kinderwagentauglich

Wanderung im einsamen Wannser Tal

Anfahrt: Von St. Leonhard in Passeier über die Jaufenpassstraße bis nach Walten, dort Abzweigung nach Wanns (1439 m am Ende des Waltentals im Passeiertal). Parkplatz beim Gasthof „Wannser Hof" in Wanns.

Wegbeschreibung: Am Startpunkt unserer Wanderung befinden sich die Wallfahrtskirche St. Johann und der Gasthof „Wannser Hof". Wir folgen dem anfangs recht steilen, dafür aber geteerten Weg Nr. 14. Bald schon hört die Teerstraße auf und der Weg wird bequemer. Wir wandern im dichten Wald und gewinnen gemächlich an Höhe. Nach ca. ½ Stunde weitet sich das Tal und der Wald wird von Wiesen abgelöst. Rechterhand sehen wir die nicht bewirtschaftete Gschloßalm. Wir bleiben auf der Forststraße und können am Talende

das Wannser Joch erahnen. Einsamkeit und Beschaulichkeit prägen die Stimmung. Die Wannser Alm (1641 m) erreichen wir nach einem kurzen anstrengenderen Stück (ab Parkplatz gut 1 Stunde). Hier können wir einkehren und die Kinder finden Platz zum Spielen.
Der Rückweg erfolgt über den Aufstiegsweg.
Eine Möglichkeit zur Verlängerung der Wanderung ist der Aufstieg zur Mooser Alm (1865 m). Man folgt kurz dem Weg Nr. 14 in Richtung Wannser Joch, dann überquert man orografisch rechts den Bach und bleibt auf dem Fahrweg mit der Markierung 14b. Bis zur Alm beträgt die Gehzeit ab Wannser Alm ca. 1 Stunde. Der Abstieg erfolgt über den Aufstiegsweg.

Einkehrmöglichkeiten: Wannser Alm, Mooser Alm, Wannser Hof, Gastbetriebe im Ort Walten

Sehenswertes in der Umgebung: Bunker Mooseum in Moos in Passeier (www.bunker-mooseum.it), Andreas-Hofer-Museum in St. Leonhard in Passeier (www.museum.passeier.it)

Informationen: Tourismusverein Passeiertal (www.passeiertal.it)

Motivationszuckerle

Vor der Alm ist eine große Wiese und du kannst da ganz toll spielen, vielleicht machen deine Freunde ja mit?

26 ZUR FALTSCHNALALM IN PFELDERS

TECHNISCHE DATEN

Höhenunterschied
Ca. 300 m

Jahreszeit
Sommer und Herbst

Wegbeschaffenheit
Forststraße

Zeitbedarf
Ca. 2½ bis 3 Stunden

Kartenmaterial
Tabacco, Blatt 039

Schwierigkeitsgrad
Kinderwagentauglich

Im Angesicht von Hohe Wilde und Seelenkogel

Anfahrt: Durch das Passeiertal bis nach Pfelders (1620 m). Parkplatz direkt bei der Ortseinfahrt.

Wegbeschreibung: Vom Parkplatz aus folgen wir der Beschilderung „Lazins". Nachdem wir das Dorf durchquert haben, wählen wir bei der zweiten Abzweigung die Forststraße links. Der Weg verläuft anfänglich steil durch dichten Wald. Wer ohne Kinderwagen unterwegs ist, kann bald schon den Wanderweg durch den Wald nehmen (Markierung Nr. 6). Ansonsten folgen wir der Forststraße, die bis zum Grünbodenlift den Berghang ansteigend quert. Nach einer Kehre wird es für einige Höhenmeter etwas anstrengend, bis wir die Abfahrtspiste wieder verlassen und gemütlich auf nahezu gleicher Höhe zur Alm (1871 m) gehen. Dort können wir uns stärken und den beeindruckenden Blick auf die umliegende Bergwelt genießen. Für die Kinder gibt es einen kleinen Spielplatz. Die Alm ist malerisch gelegen und bietet eine nette Atmosphäre.

Für den Abstieg gibt es zwei Möglichkeiten: Wir folgen dem Aufstiegsweg und nehmen das kurze steile Stück in Kauf oder wir gehen bis zur Wegkreuzung zurück, steigen zur Grünbodenhütte (2000 m) auf und fahren mit dem Gondellift bequem talwärts.

Sollten Sie ohne Kinderwagen unterwegs sein, empfiehlt es sich, von der Alm dem Panoramaweg nach Lazins zu folgen. Er verläuft zwischen Latschen- und Almrosenfeldern. Von Lazins gelangt man dann direkt oder – etwas länger – über den Weiler Zeppichl nach Pfelders.

Motivationszuckerle

Bist du ganz müde? Vielleicht gelingt es dir, deine Eltern zum Liftfahren zu überreden?!

Einkehrmöglichkeiten: Faltschnalalm, Grünbodenhütte, Gastbetriebe in Pfelders

Sehenswertes in der Umgebung: Bunker Mooseum in Moos (www.bunker-mooseum.it) und Andreas-Hofer-Museum in St. Leonhard in Passeier (www.museum.passeier.it)

Informationen: Tourismusverein Passeiertal (www.passeiertal.it) und www.pfelders.info

27 ZUR UNTEREN GOSTALM IM HINTERPASSEIER

TECHNISCHE DATEN

Höhenunterschied
Ca. 175 m

Jahreszeit
Sommer und Herbst

Wegbeschaffenheit
Forststraße

Zeitbedarf
Ca. 2 Stunden

Kartenmaterial
Tabacco, Blatt 039

Schwierigkeitsgrad
🐾🐾
Kinderwagentauglich

Wandern in den Timmelser Bergen

Anfahrt: Durch das Passeiertal bis kurz vor die Schneebergbrücke (1670 m). Parkplatz vor Ort.

Wegbeschreibung: Vom Parkplatz folgen wir der Beschilderung. Die Forststraße verläuft durch den Wald und gewinnt an Höhe. Bald schon kommen wir an eine Wegkreuzung und an eine Schranke. Wir bleiben auf der orografisch linken Talseite und folgen der Markierung Nr. 32. Der Wald ist dicht und abwechslungsreich. Längs des Weges gibt es mehrere Wassertröge, hier lässt es sich gut innehalten – auch zum Spiel mit dem Wasser. Die Vegetation ringsumher zeigt, dass es an Wasser hier nicht mangelt. Auf der anderen Talseite

kann man den Aufstiegsweg zur Schneeberghütte erahnen. Dort gibt es ein Bergwerk samt Museum.
Wir wandern weiter, nach ungefähr 45 Minuten queren wir den Schönauerbach und sind nun auf den Weideflächen der Alm. Wir haben unser Ziel schon fast erreicht. Nur noch ein paar Schritte und wir sind bei der Unteren Gostalm (1854 m), die auch Untere Schenneralm genannt wird. Die Alm bietet reichlich Platz zum Spielen und Herumtollen.
Wir wandern auf demselben Weg zum Ausgangspunkt zurück.

Motivationszuckerle

Hast du schon einmal ein Naturboot aus selbst gesammelten Materialien gebaut? Das kannst du heute versuchen – es gibt auf unserer Tour mehrere Wassertröge, wo du es dann schwimmen lassen kannst!

Einkehrmöglichkeiten: Untere Gostalm (Untere Schenneralm)

Sehenswertes in der Umgebung: Bunker Mooseum in Moos (www.bunker-mooseum.it) und Andreas-Hofer-Museum in St. Leonhard in Passeier (www.museum.passeier.it)

Informationen: Tourismusverein Passeiertal (www.passeiertal.it)

BOZEN UND UMGEBUNG

chariot

28 NACH ST. ULRICH IN MÖLTEN

TECHNISCHE DATEN

Höhenunterschied
Ca. 140 m

Jahreszeit
Sommer und Herbst

Wegbeschaffenheit
Forststraße oder breiter Wanderweg

Zeitbedarf
Ca. 1½ Stunden

Kartenmaterial
Tabacco, Blatt 034

Schwierigkeitsgrad
🐾🐾
Kinderwagentauglich

Rund um einen wunderschönen Aussichtshügel

Anfahrt: Über Hafling bis kurz vor das Dorf Mölten, an der Straßenkreuzung der Beschilderung „St. Ulrich" (1299 m) folgen. Parkmöglichkeit direkt bei der Kreuzung und längs der Forststraße

Wegbeschreibung: Wir lassen das Auto an der Straßenkreuzung stehen und wählen die Forststraße, die rechts leicht abfallend abgeht. Erst nach einiger Zeit gibt es an Bäumen alte Wegmarkierungen. Es geht leicht aufwärts durch einen lichten Wald, der manchmal einen Blick auf den Ifinger gewährt. Immer wieder lädt am Wegrand eine Bank zum Verweilen ein. Nach ca. 20 Minuten kommen wir zu einer Weggabelung. Wer möchte, kann hier den direkten Aufstieg zum Gasthof „St. Ulrich" wählen (der Beschilderung folgen), den man in 10 Minuten erreicht. Wir aber folgen dem Weg in Richtung Schlaneid und bleiben auf der breiteren Forststraße. Sobald wir den Wald verlassen haben, können wir unseren Blick weit herumreisen lassen: Hochwart, Laugen, Weißhorn, Dolomiten und viele weitere Berge und Züge erscheinen. Bei klarer Sicht

kann man sogar den Kalterer See erblicken. Wir folgen dem Weg, der bald schon in eine Straße übergeht, bis zu einem Wegweiser, der uns für kurze Zeit aufwärts lenkt. Auf einem Bauernhof können wir Hühner und Enten bei ihrem Tagwerk beobachten. Es geht nun erneut in den Wald und wir können unser Ziel schon sehen. Noch gemütliche 10 Minuten und wir kommen über eine Wiese direkt zum Gasthof „St. Ulrich". Hier gibt es viel Platz zum Spielen, eine Kegelbahn, Schaukeln und eine Rutschbahn. Die Wiese kann im Winter zum Rodeln genutzt werden. Direkt beim Gasthof befindet sich eine kleine Kirche mit Glockenmauer und Rundapsis aus dem 13. Jahrhundert: die Kirche St. Ulrich in Gschleier.
Der Abstieg erfolgt über die Hofzufahrt (Straße), in ca. 15 Minuten ist man wieder beim Parkplatz. Wer ohne Kinderwagen unterwegs ist, kann kurz nach dem Gasthof die Straße verlassen und einem markierten Steig bis zum Parkplatz folgen.

Motivationszuckerle

Freu dich auf eine tolle Spielwiese mit Kegelbahn und Schaukeln. Es gibt auch einen kleinen Kinderbauernhof.

Einkehrmöglichkeiten: Gasthof „St. Ulrich", Gastbetriebe in Mölten und Vöran

Sehenswertes in der Umgebung: Kirche St. Jakob auf Langfenn, Knottnkino in Vöran

Informationen: Tourismusverein Mölten (www.moelten.net) und www.sanktulrich.com

29 WANDERUNG ZUR SATTLERHÜTTE

TECHNISCHE DATEN

Höhenunterschied
Ca. 300 m

Jahreszeit
Frühjahr bis Herbst, je nach Schneelage auch Winter

Wegbeschaffenheit
Forststraße oder breiter Wanderweg

Zeitbedarf
Ca. 2½ Stunden

Kartenmaterial
Tabacco, Blatt 034

Schwierigkeitsgrad
🐾🐾🐾
Kinderwagentauglich

Bei den Stoanernen Mandln

Anfahrt: Von Mölten kommend Richtung Vöran, bei St. Ulrich an der Straßenkreuzung rechts bis zum Parkplatz Kircheben.

Wegbeschreibung: Unser Parkplatz (Kircheben) befindet sich mitten im Wald und ist genau in einer Senke zwischen zwei Erhebungen positioniert (1344 m). Wir steigen aufwärts und folgen der Beschilderung. Es ist dabei nicht relevant, ob wir auf der Forststraße oder auf dem breiten Wanderweg gehen. Bald kommen wir an einem Wasserspeicher vorbei, dies ist ein EU-Projekt und dient dem Brandschutz in der oft sehr trockenen Gegend. Unser Weg hat die Markierung „K" (15 und 38 in den neuen Geobrowsern) und verläuft über einige kurze Streckenabschnitte etwas steil, ist aber immer noch bequem mit dem Kinderwagen befahrbar.
Bald verlassen wir den dichten Wald und kommen auf eine Hochfläche. Hier gibt es viel zu sehen. Im Süden sind es Latemar und Rosengarten, im Westen Laugen, Hochwart und die

Ortlergruppe. Im Frühling sind hier die bekannten Krokuswiesen zu bestaunen und im Herbst das bunte Farbenspiel der Lärchen. So bietet jede Jahreszeit ihren ganz speziellen Reiz. Im Winter kann bei genügend Schnee auch gerodelt werden. Nach ein paar Kurven und etwas Anstieg sind wir nach gemütlichen 1½ Stunden bei der Sattlerhütte (1609 m). Hier verweilen wir, die Kinder können im Sandkasten spielen und auf den Schaukeln durch die Luft schwingen. Wer möchte, kann zum Möltner Kaser (1763 m) weiterwandern. Dies ist mit dem Kinderwagen gut möglich und dauert ungefähr eine weitere Stunde. Von der Möltner Kaser sind es noch ca. 240 Höhenmeter auf die sagenumwobenen Stoanernen Mandln (2003 m, Weg Nr. 23A). Hier finden wir an die 100 Steinfiguren um das Gipfelkreuz des Schönecks verteilt. Es gibt viele Meinungen und Theorien, die mit ihrer Herkunft verknüpft sind, waren es gelangweilte Hirten oder gar die Kelten? Auf alle Fälle erschließen sich hier dem offenen Wanderer mystische Eindrücke und lassen Parallelen zu Stonehenge erahnen.
Der Rückweg entspricht dem beschriebenen Aufstiegsweg.

Motivationszuckerle

Vielleicht sehen wir heute eine ganz große Wiese voll bunter Krokusse!

Einkehrmöglichkeiten: Sattlerhütte, Möltner Kaser

Sehenswertes in der Umgebung: Fossilienmuseum in Mölten, Europas höchstgelegene Sektkellerei Arunda

Informationen: Tourismusverein Mölten (www.moelten.net)

30 DER URLESTEIG

TECHNISCHE DATEN

Höhenunterschied
Der Urlesteig hat vier Abschnitte:
1. Pichlberg bis Pfnatschalm, 70 m (leicht absteigend)
2. Pfnatschalm bis Sunnolm, 210 m (absteigend)
3. Pichlberg bis Getrumalm, 50 m
4. Getrumalm bis zu den Reinswalder Mühlen, 550 m (absteigend)

Jahreszeit
Von Mitte Juni bis Mitte Oktober

Wegbeschaffenheit
Wanderweg und Steig

Zeitbedarf
20 Minuten–3 Stunden

Kartenmaterial
Tabacco, Blatt 034
Kartenmaterial vor Ort erhältlich

Schwierigkeitsgrad
Abschnitt 1 ist mit alpintauglichem Kinderwagen begehbar

Das Naturerlebnis im Sarntal

Anfahrt: Bei Astfeld im Sarntal rechts Richtung Reinswald bis zur Talstation der Kabinenbahn Reinswald im Sarntal.

Wegbeschreibung: Ob Wasserratte, Klettermaxe oder Naturforscher, der Urlesteig ist ein Erlebnis für die ganze Familie. Benannt nach den „Urlelockn", zwei kleinen Weihern in der Nähe von Reinswald, ist dieser neu angelegte Naturerlebnispfad in vier Etappen unterteilt, sodass er als kleine Wanderung, aber auch als Tagestour begehbar ist.
Den Ausgangspunkt des Urlesteigs erreichen wir ganz bequem mit der Reinswalder Kabinenbahn. Von der Bergstation Pichlberg führt die erste Teilstrecke (20 Gehminuten, 70 Höhenmeter) zur Pfnatschalm. Hier dreht sich alles um das Thema Wasser: Auf spielerische Weise können die Kinder mit Wasserrädern und Wasserläufen experimentieren oder auf einem Holzfloß über einen Teich gleiten. Weiter geht es (30 Minuten, 210 Höhenmeter) leicht absteigend zur Sunnolm. Unterwegs dorthin informieren Schautafeln über die ortstypische Fauna. Auf einer übergroßen Libelle können kleine

Kletteraspiranten nach Lust und Laune herumkraxeln und sich austoben. Unterhalb der Sunnolm liegen die Urlelockn. Der Sage nach war hier einstmals ein verwunschener See, in dem Fremde und Sünderinnen ihr nasses Grab fanden. Dies ist der geografische Mittelpunkt Südtirols. Der Abstieg zur Talstation (280 Höhenmeter) führt über Wandersteige und ist in 30 Minuten zu schaffen. In Abschnitt 3, von Pichlberg zur Getrumalm (1 Stunde, 50 Höhenmeter), erfahren wir allerlei über so manche Sarner Besonderheit wie die Sarner Latsche, die Sarner Almwirtschaft und die Knappenlöcher am Seeberg. Hier erleben Kinder das Latschenlabyrinth und lauschen den Erzählungen der Hirten. Danach haben oft sogar gehfaule Kinder noch genügend Kraft in den Beinen, und der Wissensdurst kennt keine Grenzen mehr. Anschließend kann man die Route wählen, die von der Getrumalm an den Ufern des kristallklaren Getrumbachs über die Reinswalder Mühlen zurück nach Reinswald führt (2 Stunden, 530 Höhenmeter, absteigend). Diese Teilstrecke präsentiert vortrefflich die Sarner Flora, eine Kapelle aus Zirmholz lädt ein über Gott und die Welt nachzudenken.

Einkehrmöglichkeiten: Die meisten Almen, an denen der Urlesteig vorbeiführt, sind im Sommer bewirtschaftet.

Informationen: Reinswald Lift (www.reinswald.com)
Tourismusverein Sarntal (www.sarntal.com)

Motivationszuckerle

Mit dem Floß über den Teich schippern, auf der Libelle kraxeln oder im Latschenlabyrinth den rechten Weg suchen – klingt das nicht total spannend?

31 ÜBER DIE FENNPROMENADE ZU DEN ERDPYRAMIDEN

TECHNISCHE DATEN

Höhenunterschied
Ca. 50 m

Jahreszeit
Ganzjährig, je nach Schneelage

Wegbeschaffenheit
Größtenteils angenehmer, nicht asphaltierter Wanderweg, über kurze Strecken Teerstraße

Zeitbedarf
Ca. 2½ bis 3 Stunden

Kartenmaterial
Tabacco, Blatt 034

Schwierigkeitsgrad
🐾🐾
Kinderwagentauglich

Unterwegs auf dem Rittner Hochplateau

Anfahrt: Mit der Rittner Seilbahn von Bozen nach Oberbozen, dann mit der Rittner Schmalspurbahn bis nach Klobenstein (beide Verkehrsmittel sind in den Südtiroler Verkehrsverbund integriert und haben somit familienfreundliche Preise). Parkmöglichkeit: In Bozen mehrere gebührenpflichtige Parkhäuser in der Umgebung der Talstation.

Wegbeschreibung: Von Bozen kommen wir mit der neuen Rittner Seilbahn nach Oberbozen (1226 m). Weiter geht es mit der über 100 Jahre alten romantischen Schmalspurbahn bis nach Klobenstein. Wer Glück hat, erwischt die originalen Garnituren aus vergangenen Zeiten. Die Fahrt ist ein Erlebnis für die ganze Familie, unterwegs bekommen wir einen ersten Eindruck von der Vielfalt des Rittner Hochplateaus.

Von der Endstation folgen wir der Beschilderung „Fennpromenade". Wir kommen beim historischen Hotel „Bemelmans Post" vorbei, wo Sigmund Freud seinen Sommerurlaub verbrachte. Wir verlassen die Ortschaft Klobenstein und zweigen auf die Fennpromenade ab. Der Weg verläuft bequem im Schatten des Mischwaldes mit gelegentlichem Ausblick auf das gegenüberliegende Schlernmassiv. Nach ca. 1 Stunde verlassen wir den Wald und kommen zum geschichtsträchtigen Kommendehof (die „Kommende", Schauplatz der Rittner Sommerspiele). Von hier folgen wir der Straße und der Markierung „Erdpyramidenweg". Nach ca. 10 Minuten zweigt unser Weg von der Straße rechts ab. Nun können wir schon auf der rechten Talseite die Erdpyramiden sehen. Der Weg führt zum Gasthaus „Maria Saal" (ca. ½ Stunde), wo wir uns stärken können.

Der Rückweg entspricht bis zur Kommende dem Hinweg. Von dort folgen wir dem Wiesenweg, Klobenstein bereits im Auge. Sollten die Kinder noch Lust haben, besteht die Möglichkeit, über die Freudpromenade in einer bequemen Stunde nach Oberbozen zurückzuwandern. Falls unterwegs die Kräfte nachlassen, kann man an mehreren Haltestellen längs des Weges in den Rittner Zug einsteigen.

Motivationszuckerle

Bist du schon einmal mit einer 100 Jahre alten Eisenbahn gefahren? Wenn du Glück hast, dann erwischst du sogar noch einen der originalen Waggons!

Einkehrmöglichkeiten: Gasthäuser in Klobenstein

Sehenswertes in der Umgebung: Erdpyramiden, Kommende, Wallfahrtskirche Maria Saal

Informationen: Tourismusverein Ritten (www.ritten.com)

32 VON OBERBOZEN NACH KLOBENSTEIN

TECHNISCHE DATEN

Höhenunterschied
Ca. 150 m

Jahreszeit
Ganzjährig, Schneeverhältnisse und Betriebszeiten beachten

Wegbeschaffenheit
Breiter Wanderweg

Zeitbedarf
Ca. 1½ bis 2 Stunden

Kartenmaterial
Tabacco, Blatt 034

Schwierigkeitsgrad
Kinderwagentauglich

Auf den Spuren des Vaters der Psychoanalyse

Anfahrt: Mit der Rittner Seilbahn von Bozen nach Oberbozen. Parkmöglichkeit: In Bozen mehrere gebührenpflichtige Parkhäuser in der Umgebung der Talstation.

Wegbeschreibung: Wir fahren mit der Rittner Seilbahn von Bozen nach Oberbozen (1226 m). Der Rundblick ist ein Erlebnis! Die Seilbahn ist in den Verkehrsverbund integriert und hat somit familienfreundliche Preise.
Von Oberbozen gehen wir ein Stück die Straße entlang und folgen der Markierung Nr. 35, nahezu parallel zur Rittnerbahntrasse. Bald verlassen wir die Straße, biegen links ab und folgen der Beschilderung „Freudpromenade". Diese wunderbare Promenade (www.freudpromenade.it) wurde zu Ehren Sigmund Freuds errichtet, der mit seiner Familie öfters Ferien auf dem Ritten machte. Hier verfasste er unter anderem sein Werk „Totem und Tabu". Der Weg ist sehr abwechslungsreich, geht einmal über Wiesen, dann wieder

durch den Wald, in einem leichten Auf und Ab. Immer wieder öffnet sich der Blick auf die prächtige umliegende Bergwelt: das Schlernmassiv, die Dolomiten, den Rosengarten. Ohne viel Anstrengung erreichen wir das Bildungshaus Lichtenstern und haben den halben Weg geschafft. Wer möchte, kann einen Abstecher in das nahe gelegene Gasthaus „Lichtenstern" (1282 m) machen. Dort gibt es einen kleinen Spielplatz und in der Nähe eine Haltestelle der Rittner Bahn. Einmal mehr bietet sich uns ein überwältigendes Panorama. Unsere Wanderung führt uns gemütlich weiter (Markierung Nr. 35 oder auch 5). Immer wieder überrascht der Wegverlauf durch eindrucksvolle Bilder und Stimmungen: sei es ein Bach, eine nette Waldpassage oder auch einfach der großartige Ausblick. Nach kurzweiligen 1½ Stunden sind wir am Ziel unseres heutigen Ausflugs, in Klobenstein. Es gibt nun zwei Möglichkeiten: Entweder wir suchen uns einen der Gastbetriebe aus und halten Mittagsrast, oder wir fahren mit dem „Rittner Bahnl" wieder zurück nach Oberbozen. Wer noch weiterwandern möchte, kann beispielsweise zu den Erdpyramiden oder nach Kematen gehen.

Motivationszuckerle

Es geht mit der neuen Rittner Seilbahn ruck, zuck nach Oberbozen! Super! Du kannst endlich einmal die ganze Stadt von oben sehen!

Einkehrmöglichkeiten: verschiedene Gastbetriebe in Oberbozen, Klobenstein und längs des Weges

Sehenswertes in der Umgebung: Erdpyramiden, Ötzi-Museum in Bozen (www.iceman.it)

Informationen: Tourismusverein Ritten (www.ritten.com)

33 MIT DER STANDSEILBAHN AUF DIE MENDEL

TECHNISCHE DATEN

Höhenunterschied
Ca. 80 m

Jahreszeit
Ganzjährig, Öffnungszeiten und Schneeverhältnisse beachten

Wegbeschaffenheit
Forststraße oder breiter Wanderweg

Zeitbedarf
Ca. 1 Stunde

Kartenmaterial
Tabacco, Blatt 049

Schwierigkeitsgrad
🐾🐾
Kinderwagentauglich

Ausflug auf die Hochfläche der Mendel

Anfahrt: Kaltern (Etschtal) bis nach St. Anton (509 m). Parkplatz bei der Talstation der Mendelbahn.

Wegbeschreibung: Diese Wanderung kann auch als Halbtagesausflug gemacht werden und birgt zwei Höhepunkte: die Fahrt mit der Standseilbahn und das italienische Marktflair des Mendelpasses. Der Pass verbindet auf 1363 m das Überetsch mit dem Nonstal und stellt neben der politischen Grenze auch die Sprachgrenze dar.
Die Standseilbahn ist die längste (2,4 km) und steilste (64 %) Europas und führt in zwölf Minuten durch beeindruckende Landschaft von St. Anton auf den Mendelpass in 1363 m Seehöhe hinauf. Sie ist heute in das Verbundsystem Südtirol integriert und hat somit familienfreundliche Preise. Für den Mendelpass sollte man etwas Zeit einplanen: Marktstände und Eisverkäufer locken und laden zum Verweilen ein. Direkt auf dem Pass gibt es auch einen Spielplatz. Für unsere Wande-

rung wählen wir den Weg Nr. 500, der durch den für die Mendel typischen Mischwald führt. Hier reiht sich ein Sommerfrischhäuschen an das andere, jedes ist ein wenig anders. Die Mendel galt lange Zeit als der Sommerfrischort der Bozner, für die der Ritten nicht erreichbar war. Unser Weg schlängelt sich voran und wird von der Teerstraße zum nicht asphaltierten Forstweg. Wir bewegen uns im Grenzgebiet zur Provinz Trient, sind einmal in Südtirol, dann wieder im Trentino. Nach einer gemütlichen halben Stunde sind wir bei der Enzianhütte (1409 m) angekommen. Hier gibt es einen kleinen Spielplatz und die Möglichkeit, sich verköstigen zu lassen. Wer seine Wanderung verlängern möchte, kann auf dem Weg Nr. 500 ca. 1 Stunde weiter bis zur Halbweghütte (1585 m) gehen oder der Beschilderung „Roenstube" folgen und dort Rast machen. Der Rückweg erfolgt über den Hinweg.

Einkehrmöglichkeiten: Gastbetriebe auf dem Mendelpass, Enzianhütte, Roenstube

Sehenswertes in der Umgebung: Messner Mountain Museum in Firmian (www.messner-mountain-museum.it), Kalterer See

Informationen: Tourismusverein Kalterersee (www.kalterersee.com)

Motivationszuckerle

Bist du schon einmal mit einer Seilbahn auf Rädern gefahren? Heute kannst du das, und was für eine steile das ist!

34 ZUR CISLONALM BEI TRUDEN

TECHNISCHE DATEN

Höhenunterschied
Ca. 450 m

Jahreszeit
Sommer und Herbst

Wegbeschaffenheit
Forststraße oder breiter Wanderweg

Zeitbedarf
Ca. 2½ bis 3 Stunden

Kartenmaterial
Tabacco, Blatt 049

Schwierigkeitsgrad
🐾🐾🐾
Kinderwagentauglich

Unterwegs im Naturpark Trudner Horn

Anfahrt: Richtung Fleimstal bis Kaltenbrunn, dort Abzweigung nach Truden im Südtiroler Unterland. Parkmöglichkeit im Ort.

Wegbeschreibung: Die heutige Wanderung verläuft im Naturpark Trudner Horn. Vom Parkplatz (1161 m) wählen wir den Weg Nr. 2, der anfangs steil bergan geht. Nach einer Linkskehre wird der Weg bald angenehmer und führt uns durch einen dichten Wald, der schließlich in den für diese Gegend typischen Kiefernwald wechselt. Es wird lichter und der Blick öffnet sich auf die Bergwelt der Umgebung. Dazu zählen auch die Gipfel der Lagoraikette. Die Forststraße macht eine weite Schleife, wir steigen langsam abwärts bis in die Nähe

der Hochwand und befinden uns inmitten von Almrosen und Latschen. Erneut kehrt sich die Marschrichtung um und wir wandern leicht abfallend zur Cislonalm (1249 m), die wir in 1½ bis 2 Stunden erreichen.
Der Abstieg erfolgt über die Forststraße mit der Markierung Nr. 1. Hier gibt es kurze steile Abschnitte. Wir erreichen den unteren Teil der Ortschaft Truden.
Für den Rückweg benötigen wir ca. 1 Stunde.

Einkehrmöglichkeiten: Cislonalm, Gastbetriebe in der Ortschaft Truden

Sehenswertes in der Umgebung: Naturparkhaus Trudner Horn mit Kneippanlage

Informationen: Tourismusverein Truden (www.trudnerhorn.com)

Motivationszuckerle

Heute kannst du den tollsten Abenteuerspielplatz besuchen: den Wald. Bitte deine Eltern, dass sie dir genügend Zeit lassen!

DOLOMITEN

35 VON OBEREGGEN ZUR MAYRLALM

TECHNISCHE DATEN

Höhenunterschied
Ca. 150 m

Jahreszeit
Sommer und Herbst (Betriebszeiten Lift beachten)

Wegbeschaffenheit
Breiter Wanderweg

Zeitbedarf
Ca. 2 Stunden

Kartenmaterial
Tabacco, Blatt 029

Schwierigkeitsgrad

Ohne Kinderwagen

Wandern im Reich des Latemars

Anfahrt: Über Bozen nach Obereggen (1524 m), Panoramasessellift Oberholz. Parkmöglichkeit vor Ort.

Wegbeschreibung: Der Panoramasessellift Obereggen–Oberholz (2150 m) führt uns direkt an den Fuß des Latemars. An der Bergstation angekommen, kann man sich kaum noch lösen vom überwältigenden Panorama. Nahezu alle bekannten Berggruppen sind in Blicknähe: Brenta, Adamello, Ortlergruppe, Ötztaler und Stubaier Alpen, Sarner Alpen und Zillertaler Alpen. Wir folgen dem Weg Nr. 23, der anfangs leicht abwärts durch einen zauberhaften Wald führt. Im Herbst 2011 begann man, den Weg zu verbreitern. Nach knapp 1 Stunde sind wir bei der Mayrlalm (2038 m). Im Winter ist hier Skigebiet, im Sommer weiden die Kühe. Während wir uns stärken, können wir die wunderbare Umgebung auf uns

wirken lassen. Im Süden liegt Pampeago mit dem gleichnamigen Skigebiet.
Die Wanderung lässt sich verlängern, indem man dem Weg Nr. 23 folgt bis zum Reiterjoch (1992 m) und von dort über den Weg Nr. 505 bis zur Ganischger (2020 m) oder zur Zischgalm (1998 m) wandert. Die beiden Almen erreicht man bequem in ca. ½ Stunde.
Der Rückweg erfolgt entweder über den Hinweg oder über den Weg mit der Markierung 23A, der direkt hinter der Mayrlalm steil aufwärts losgeht und dann auf den Weg Nr. 22 führt. Wir wandern unmittelbar am Wandfuß des Latemars und haben erneut ein wunderbares Panorama. Bald schon verlassen wir den Weg, um zur Bergstation des Lifts abzusteigen. Längs des Weges gibt es unzählige Plätze zum Verweilen und zum Spielen.

Einkehrmöglichkeiten: Mayrlalm, Ganischger Alm und Zischgalm, Gastbetriebe bei der Talstation

Sehenswertes in der Umgebung: Hochseilgarten bei der Talstation, Zischgen-Kirchlein in Obereggen

Informationen: Tourismusverein Eggental (www.obereggen.com)

Motivationszuckerle

Schon bei der Talstation warten tolle Dinge auf dich: eine Hüpfburg und ein kleiner Spielplatz. Hoffentlich siehst du den Hochseilgarten nicht gleich schon. Wir wollen ja mit dem Lift nach oben fahren!

36 ZUR LIEGALM IN DER NÄHE DES WEISSHORNS

TECHNISCHE DATEN

Höhenunterschied
Ca. 100 m abwärts und 100 m aufwärts

Jahreszeit
Sommer und Herbst, im Winter Schneelage beachten

Wegbeschaffenheit
Forststraße und Wanderweg

Zeitbedarf
Ca. 1½ oder 2 Stunden

Kartenmaterial
Tabacco, Blatt 029

Schwierigkeitsgrad
🐾🐾
Kinderwagentauglich

Wanderung auf dem Hochplateau von Lavazé

Anfahrt: Entweder über das Eggental (Richtung Deutschnofen, dann der Beschilderung folgen) oder über das Fleimstal zum Lavazéjoch (1805 m). Am Joch mehrere Parkplätze.

Wegbeschreibung: Vom Lavazéjoch folgen wir der Markierung 9a/b–9, lassen die Gasthäuser „Lavazé" und „Bucaneve" rechts liegen und gehen den leicht abfallenden Weg. Wir wandern in einer kleinen Schlucht, gesäumt von Wäldern. In der Höhe von ca. 1650 m kommen wir zu einer Wegkreuzung und wählen den aufwärtsführenden Weg Nr. 9, der uns rasch an Höhe gewinnen lässt. Bei der nächsten Wegkreuzung halten wir uns links, verlassen bald schon den Wald und können die Liegalm bereits vor uns sehen (bis hierher knapp 1 Stunde). Bei gutem Wetter können wir die zackigen Gipfel des Latemars und den weiter entfernten Rosengarten bewundern. Die Liegalm (1750 m) ist neu renoviert und bietet Platz zum

Spielen und Verweilen. Im Winter besteht die Möglichkeit, eine Rodel auszuleihen, mit den Schneeschuhen zu wandern oder dem Langlaufsport zu frönen (Loipe direkt bei der Hütte). Zurück gehen wir bis zur Kreuzung denselben Weg, halten uns (Richtung Lavazéjoch schauend) links und folgen der Markierung Nr. 9. Es geht gemütlich durch einen lichten Wald. Kurz vor Erreichen des Lavazéjochs stoßen wir auf den Weg Nr. 7, der Wald wird immer lichter und macht schließlich Almwiesen Platz. Nach ca. 45 Minuten kommen wir zum Joch mit seinem kleinen See und somit zum Ende unserer Wanderung. Hier befindet sich ein Spielplatz.

Einkehrmöglichkeiten: Liegalm, Gastbetriebe am Lavazéjoch

Sehenswertes in der Umgebung: Wallfahrtsort Maria Weißenstein

Informationen: Tourismusverein Eggental (www.obereggen.com) und www.liegalm.com

Motivationszuckerle

Vielleicht kannst du deine Eltern überreden, einmal einen Abendrodelausflug zu machen?

37 ZUR PLAFÖTSCHALM IM TIERSER TAL

TECHNISCHE DATEN

Höhenunterschied
Ca. 250 m

Jahreszeit
Sommer und Herbst

Wegbeschaffenheit
Forststraße oder breiter Wanderweg

Zeitbedarf
Ca. 2½ Stunden

Kartenmaterial
Tabacco, Blatt 005

Schwierigkeitsgrad
🐾🐾🐾
Kinderwagentauglich

Zu Füßen des Rosengartens

Anfahrt: Durch das Tiersertal bis nach Tiers/St. Zyprian, weiter in Richtung Nigerpass, bei der Bushaltestelle Parkplatz (1365 m) rechts. Parkmöglichkeit vor Ort.

Wegbeschreibung: Der Weg ist anfänglich etwas steil (zuerst gilt es noch, eine Schranke zu passieren) und hat die Markierung Nr. 10. Nach ca. 15 Minuten zweigen wir rechts ab und folgen der Markierung 10a. Es geht leicht ansteigend weiter durch einen dichten Wald. Ab und zu können wir einen Blick auf den nahen Rosengarten werfen, an einer Quelle können wir unseren Durst stillen. Nach einer guten Stunde sind wir auch schon am höchsten Punkt unserer Wanderung angelangt, wir verlassen den Wald und kommen auf die für die Gegend typischen Lärchen- und Almwiesen. Die Plafötschalm ist vor uns, ein wenig noch absteigen, dann sind wir da. Das letzte Wegstück ist Teil des Sagenweges (Nr. 7). Der gesamte Weg verläuft im Naturpark Schlern-Rosengarten, wo die Natur besonders geschützt ist.

Die Alm bietet Gelegenheit, uns zu stärken, und für die Kinder ist Platz zum Spielen da. Es gibt hier auch Tiere: Rinder, Hasen und Katzen. Der Blick auf den Rosengarten mit den Vajolettürmen und den Latemar ist betörend.
Für den Abstieg wählen wir den Weg Nr. 7, der anfangs etwas eng und abschüssig, aber doch noch mit dem Kinderwagen befahrbar ist. Nach ca. 10 Minuten öffnet sich der Wald und wir befinden uns wieder inmitten von Wiesen. Hier können wir das „versprochene" Echo hören, eine ganze Weile, bis zu einem Wegkreuz, von wo wir der Forststraße mit der Markierung 10a folgen. Bald schon schließt sich der Kreis und wir sind wieder auf dem Aufstiegsweg. Und bald auch schon wieder beim Auto.

Einkehrmöglichkeiten: Plafötschalm (1570 m), Gasthäuser in Tiers und St. Zyprian, Hotel „Weisslahnbad" in St. Zyprian

Sehenswertes in der Umgebung: Naturparkhaus in Tiers mit Venezianersäge, Kirchlein St. Zyprian

Informationen: Tourismusverein Tiers (www.tiers.it) und www.plafoetsch.com

Motivationszuckerle

Heute kannst du dich einmal selber rufen hören! Ja wirklich, es gibt da nämlich ein einmaliges Echo. Komm und lass dich überraschen!

38 VON PUFELS AUF DIE SEISER ALM

TECHNISCHE DATEN

Höhenunterschied
Ca. 460 m

Jahreszeit
Ganzjährig, je nach Schneelage

Wegbeschaffenheit
Forststraße und breiter Wanderweg

Zeitbedarf
Ca. 3 bis 3½ Stunden

Kartenmaterial
Tabacco, Blatt 005

Schwierigkeitsgrad
🐾🐾🐾
Kinderwagentauglich

Ein etwas anderer Zugang zur Seiser Alm

Anfahrt: Durch das Grödnertal bis St. Ulrich, dort der Abzweigung Pufels folgen bis zum Ende der Straße. Parkmöglichkeit vor Ort.

Wegbeschreibung: Pufels gehört zur Gemeinde Kastelruth, ist aber über das Grödner Tal viel schneller zu erreichen. Zudem sprechen die Einwohner die ladinische Sprache, was im Grenzbereich zu Gröden öfters der Fall ist. Beim Gasthaus „Lavies" (1477 m) beginnt unsere Wanderung. Wir folgen der Beschilderung „Seiser Alm", Nr. 3. Der Weg schlängelt sich über Kehren und Schleifen aufwärts durch den Nadelwald, stetig an Höhe gewinnend. Die Pufler Schlucht zwischen Piz und Puflatsch ist großteils schattig, sodass der Schnee im Winter besonders lange liegen bleibt. Nach einer guten Stunde erreichen wir das Berggasthaus „Monte Piz" (1778 m) und damit die Hochfläche der Seiser Alm. Das Panorama ist überwältigend: Wir sehen die Schlerngipfel Santner, Euringer und Petz, die Langkofelgruppe mit Plattkofel und Lang-

kofel sowie die Sellagruppe. Wir wandern weiter und folgen der Beschilderung „Ritsch Schwaige" (1875 m), die wir in einer gemütlichen halben Stunde erreichen.
Wir können hier Mittagsrast halten oder eine der unzähligen anderen Einkehrmöglichkeiten auf der Seiser Alm wählen. In näherer Umgebung befinden sich etwa die Rauchhütte sowie Gastbetriebe in Saltria. Besonders reizvoll ist diese Wanderung im Winter, da man zum einen den Rückweg mit einer fröhlichen Rodelfahrt verbinden kann, zum anderen die Seiser Alm im Schnee besonders beeindruckend ist.
Der Rückweg erfolgt über den Aufstiegsweg.

Motivationszuckerle

Heute können wir einmal so richtig rodeln. Gut, anfänglich müssen wir ein wenig gehen, aber es ist dort ganz toll und es gibt viel zu sehen!

Einkehrmöglichkeiten: Gastbetriebe in Pufels, Ritsch-Schwaige, Rauchhütte, Gastbetriebe in Saltria

Sehenswertes in der Umgebung: spätbarocke Pfarrkirche von St. Ulrich, St.-Jakobs-Kirche oberhalb von St. Ulrich, Kunstgalerie Unika (www.unika.org)

Informationen: www.seiseralm.it, www.valgardena.it

39 ZUR GEISLER- UND ZUR GSCHNAGENHARDTALM

TECHNISCHE DATEN

Höhenunterschied
Ca. 400 m

Jahreszeit
Sommer und Herbst, im Winter mit den Schneeschuhen

Wegbeschaffenheit
Forststraße oder breiter Wanderweg

Zeitbedarf
Ca. 2½ bis 3 Stunden

Kartenmaterial
Tabacco, Blatt 005

Schwierigkeitsgrad
🐾🐾🐾
Kinderwagentauglich

Unter den Gipfeln der Geislergruppe

Anfahrt: Durch das Villnößtal bis zur Zanser Alm (1685 m) (Verkehrsbeschränkung beachten). Parkplatz: ebendort, gebührenpflichtig.

Wegbeschreibung: Wir parken in Zans und folgen der Markierung Nr. 33, anfänglich kurz über geteerte Straße, dann über die ungeteerte Forststraße. Es geht leicht abwärts (bis ca. 1629 m). Wir kommen in ein kleines Tal und stoßen auf den sich romantisch nach unten schlängelnden Dusslerbach. Ab einer Weggabelung hat der Weg die Markierung 34, wir folgen ihr aufwärts. Bald schon kommen wir bei der sogenannten Jagdhütte (1670 m, nicht bewirtschaftet) vorbei und gehen weiter bergan. Die Dusslerhütte (1782 m) lassen wir links liegen und wandern auf der steiler werdenden Forststraße. Der Wald ist dicht und verdeckt großteils die wunderschöne Umgebung, den Naturpark Puez-Geisler. Nach

einer guten Stunde ab Start wird es etwas steil, aber der kommende Ausblick und das nahe Ziel belohnen die Mühen. Der Wald öffnet sich und wir sind auf den Gschnagenhardt-Wiesen. Hier erleben wir ein faszinierendes Panorama, das sich nahezu mit jedem Schritt ein wenig ändert.
Die Geisleralm (1996 m) und die etwas höher gelegene Gschnagenhardtalm (2001 m) sind bewirtschaftet und auch im Winter mit Schneeschuhen gut erreichbar. Oberhalb der Gschnagenhardtalm verläuft der bekannte Adolf-Munkel-Weg, der vom Broglesattel zur Schlüterhütte führt.

Motivationszuckerle

Heute sind wir direkt unter den königlichen Geislerspitzen. Es gibt einen tollen Erlebnisspielplatz und Tiere zum Anschauen und Streicheln. Außerdem haben wir ganz viel Platz zum Laufen und Spielen.

Einkehrmöglichkeiten: Geisleralm, Gschnagenhardtalm, Dusslerhütte, Zanser Schwaige

Sehenswertes in der Umgebung: viele sakrale Bauten, Hochseilgarten in St. Magdalena

Informationen: Tourismusverein Villnösser Tal (www.villnoess.com) und www.geisleralm.com

EISACKTAL UND WIPPTAL

40 UNTERWEGS AUF DEM PLANETENWEG IN GUMMER

TECHNISCHE DATEN

Höhenunterschied
Ca. 100 m (leichtes Auf und Ab)

Jahreszeit
Sommer und Herbst

Wegbeschaffenheit
Großteils breiter Wanderweg, kurze Strecken Straße

Zeitbedarf
Ca. 2½ bis 3 Stunden

Kartenmaterial
Tabacco, Blatt 005

Schwierigkeitsgrad
🐾🐾🐾
Kinderwagentauglich

Zu Besuch in unserem Sonnensystem

Anfahrt: Durch das Eggental bis nach Gummer, dann zur Sternwarte, Gasthaus „Unteregger". Parkmöglichkeit vor Ort.

Wegbeschreibung: Wir parken direkt bei der Sternwarte, wo auch der Planetenweg beginnt. Er führt über 8 km zu den Planeten unseres Sonnensystems, die jeweils durch eine ansprechende Schautafel erklärt werden. Die Wegstrecken entsprechen im Maßstab den realen Dimensionen, was uns ein Gefühl für die unglaublichen Weiten des Weltalls vermitteln soll. Der Weg ist gut markiert und sehr abwechslungsreich. Er führt durch einen Mittelgebirgswald, über Wiesen und durch ein Biotop mit Teich und Rohrkolben. Immer wieder gibt es Aussichtspunkte, wo wir die umliegende Bergwelt, das nahe Weltnaturerbe Dolomiten, bestaunen können. Direkt bei der Sternwarte befindet sich der Buschenschank „Unteregger", der für die Kinder einen Spielplatz bietet. Der Weg ist als Rundwanderung angelegt. Es werden Führungen angeboten (hierzu Informationen beim Tourismusverein einholen).

Grundsätzlich ist der Weg mit dem Kinderwagen befahrbar, allerdings ist der Streckenabschnitt nach dem Gasthof „Lärchenwald" (1360 m, Spielplatz und Streichelzoo) nicht mehr bequem zu bewältigen. Man kann diesen Abschnitt umgehen, indem man ein Stück über die Straße zurückkehrt und nach ca. 10 Minuten auf den ursprünglichen Wegverlauf stößt (beim Bildstöckl Bühler Kreuz, 1299 m, Parkplatz und Bushaltestelle).

Motivationszuckerle

Heute erfahren wir etwas über das Weltall. Eigentlich über unser Sonnensystem und seine acht Planeten. Komm einfach mit, zum Spielen gibt es auch viel!

Einkehrmöglichkeiten: Gasthaus „Unteregger", Gasthaus „Lärchenwald", Gastbetriebe in Gummer

Sehenswertes in der Umgebung: Wallfahrtsort Maria Weißenstein, Sternwarte (Voranmeldung notwendig)

Informationen: Tourismusverband Rosengarten-Latemar (www.rosengarten-latemargebiet.com) und Tourismusverein Steinegg (www.steinegg.com)

41 ZUR ALM PETERSBERGER LEGER BEI MARIA WEISSENSTEIN

TECHNISCHE DATEN

Höhenunterschied
Ca. 100 m

Jahreszeit
Sommer und Herbst, im Winter gesonderte Öffnungszeiten

Wegbeschaffenheit
Forststraße

Zeitbedarf
Ca. 2 Stunden

Kartenmaterial
Tabacco, Blatt 029

Schwierigkeitsgrad

Kinderwagentauglich

Sichaustoben auf der großen Wiese

Anfahrt: Über das Eggental nach Deutschnofen, dann weiter bis Maria Weißenstein. Parkmöglichkeit vor Ort.

Wegbeschreibung: Direkt beim Parkplatz von Maria Weißenstein (1523 m) befindet sich ein großer Spielplatz, wo sich die Kinder von der vielleicht längeren Anfahrt erholen können. Unser Weg Nr. 2 führt anfänglich durch eine Wiese und verläuft leicht abfallend. Bald schon nimmt uns der Wald auf und wir folgen der Forststraße. Es kommen zwei Abzweigungen, wir bleiben auf dem Weg Nr. 2. Er gewinnt nun an Steigung und nach einigen Kurven sind wir nach einer gemütlichen Stunde am Ziel angelangt.
Die Alm Petersberger Leger (1529 m) bietet eine Unzahl von Möglichkeiten für die Kinder, aber auch für die Erwachsenen,

so werden themenspezifische Erlebnistage und -wochen abgehalten (www.naturheilt.it). Es gibt hier einen Streichelzoo und einen Spielplatz, eine Liegewiese und viel Platz zum Laufen. Will man die Wanderung verlängern, bieten sich folgende Ziele an: die Bletterbachschlucht, das Weißhorn, die Schönrastalm und die Labalm.

Motivationszuckerle

Heute wird es ganz besonders spaßig. Nach einer kurzen Wanderung kannst du vielleicht in einem Badefass planschen oder das Ameisenspiel spielen ...

Einkehrmöglichkeiten: Alm Petersberger Leger, Gasthof bei Maria Weißenstein, Gastbetriebe in Deutschnofen

Sehenswertes in der Umgebung: Wallfahrtskirche Maria Weißenstein (www.weissenstein.it), Mariengrotte und Einsiedelei St. Leonhard bei Maria Weißenstein

Informationen: Tourismusverein Obereggen (www.obereggen.com)

42 ZUR TUFFALM UNTER DEM SCHLERN

TECHNISCHE DATEN

Höhenunterschied
Ca. 250 m

Jahreszeit
Sommer und Herbst, im Winter Öffnungszeiten beachten (Rodelbetrieb)

Wegbeschaffenheit
Forststraße

Zeitbedarf
Ca. 2 Stunden

Kartenmaterial
Tabacco, Blatt 029

Schwierigkeitsgrad
🐾🐾
Kinderwagentauglich

Eine der schönsten Almen Südtirols mit Streichelzoo

Anfahrt: Über Bozen nach St. Anton/Völs am Schlern, weiter bis zum Parkplatz Völser Weiher.

Wegbeschreibung: Vom Parkplatz aus gehen wir in Richtung Völser Weiher (1096 m). Dieser Badesee, den man gemütlich umwandern kann, wurde wegen seiner Sauberkeit ausgezeichnet. Wir folgen der ansteigenden Forststraße. Bald schon zweigt der Wanderweg Nr. 1 ab, den wir mit Kinderwagen besser nicht wählen. Wir bleiben auf der Forststraße. Diese ist im Winter eine tolle Rodelbahn (gegen Gebühr kann auf der Alm eine Rodel ausgeliehen werden). Es geht aufwärts, über uns prangt das Schlernmassiv mit den Spitzen Petz, Santner und Euringer. Nach einer Kehre und einigen Kurven haben wir fast schon die Höhe erreicht.

Der Wald öffnet sich und damit auch der Blick. Die Tuffalm (1274 m) befindet sich auf einer frei liegenden Kuppe, sodass die Aussicht auf die umliegenden Berge überwältigend ist. Die Tuffalm bietet vor allem viel für die Kinder: einen großen Spielplatz mit Schaukel, Rutschbahn und Sandkasten, einen Streichelzoo mit Alpakas, Ponys, Zwergeseln und Zwergziegen und vor allem viel Platz zum Herumtollen. Der Rückweg entspricht dem Hinweg.

Will man die Wanderung verlängern, bieten sich folgende Ziele an (ohne Kinderwagen!): Hofer Alpl (1340 m), Sessel Schwaige (1940 m), Schlernhaus (2460 m).

Wer gar nicht gehen möchte, macht eine Kutschenfahrt zur Alm und retour.

Einkehrmöglichkeiten: Tuffalm, Altes Gasthaus am Völser Weiher, Hotel „Waldsee“, Gastbetriebe in Völs am Schlern

Sehenswertes in der Umgebung: Ruine Hauenstein, Trostburg, Völser Weiher (Bademöglichkeit)

Informationen: Tourismusverein Völs am Schlern (www.voels.it)

Motivationszuckerle

Dort, wo wir heute hinwollen, gibt es viele Pferde und andere Tiere zum Anfassen! Und einen großen Spielplatz. Eigentlich ist es auch gar nicht so weit!

43 OSWALD-VON-WOLKENSTEIN-WEG BEI SEIS

TECHNISCHE DATEN

Höhenunterschied
Ca. 350 m

Jahreszeit
Frühsommer bis Herbst

Wegbeschaffenheit
Wanderweg

Zeitbedarf
Ca. 2 bis 2½ Stunden, abhängig von der Verweildauer bei den Stationen

Kartenmaterial
Tabacco, Blatt 005

Schwierigkeitsgrad

Ohne Kinderwagen

Auf den Spuren des Mittelalters

Anfahrt: Über Bozen Richtung Seiser Alm bis zur Talstation der Umlaufbahn Seiser Alm (1016 m). Parkmöglichkeit vor Ort.

Wegbeschreibung: Von der Talstation der Umlaufbahn folgen wir der Straße zum Hotel „Salegg". Nach ca. 10 Minuten haben wir das Hotel erreicht, der eigentliche Weg beginnt. Es handelt sich um einen gut beschilderten Rundweg, der mittels 15 anschaulicher Tafeln und Erlebnisstationen über die Zeit Oswald von Wolkensteins berichtet. Anfangs geht es steil bergauf, bis zur Ruine Salegg. Hier hat man einen beeindruckenden Rundblick auf die Berge. Auf spannende und lehrreiche Weise führen uns die verschiedenen Stationen in das höfische Leben des Mittelalters ein: Einmal sitzen wir auf

einem Thron, einmal speisen wir in hierarchischer Ordnung an einer festlichen Tafel.
Der schmale Weg führt weiter durch einen Wald und bringt uns zur Ruine Hauenstein. Ein Schwert kündet von der Sage „Hau in Stein". Bevor die Ruine erstiegen werden kann, muss man durch einen schmalen Durchlass.
Nach Rast und Spiel verlassen wir die Ruine wieder und steigen langsam abwärts. Auf einige Stationen treffen wir noch. Dann kehren wir auf einem bequemen Weg zum Ausgangspunkt zurück.

Motivationszuckerle

Wolltest du nicht immer schon wissen, wie es im Mittelalter zugegangen ist? Der Drache Dlawso wird dich auf einer spannenden Reise begleiten.

Einkehrmöglichkeiten: Gastbetriebe in Seis

Sehenswertes in der Umgebung: Trostburg, Schloss Prösels

Informationen: Tourismusverein Seis (www.seis.it)

44 ZUR OCHSENHÜTTE IM PFLERSCHTAL

TECHNISCHE DATEN

Höhenunterschied
Ca. 300 m

Jahreszeit
Juni bis Mitte September

Wegbeschaffenheit
Forststraße

Zeitbedarf
Ca. 2½ Stunden

Kartenmaterial
Tabacco, Blatt 038

Schwierigkeitsgrad
🐾🐾🐾
Kinderwagentauglich

Wanderung im „Silbertal" vergangener Zeiten

Anfahrt: Bei Gossensaß ins Pflerschtal bis zum Talschluss bei Innerpflersch/Stein (ca. 1300 m). Parkmöglichkeit direkt an der Straße.

Wegbeschreibung: Das Pflerschtal wird auch Silbertal genannt, da hier schon im 15. und 16. Jahrhundert Bergbau betrieben wurde. Noch heute gibt es Zeugen davon, wie den historischen Bergbaustein mit Runenzeichen oder die St.-Antonius-Kapelle in Innerpflersch. Es geht anfänglich die geteerte Straße steil aufwärts, bis wir zum Pflerscher Wasserfall, „Hölle" genannt, kommen. Bis hierher dürfen zu bestimmten Zeiten Autos fahren (vor 10 Uhr und ab 16 Uhr). Es gibt hier Parkmöglichkeiten. Weiter geht es über die nicht asphaltier-

te Forststraße, stets leicht ansteigend. Dann wandern wir durch das unberührte, ruhige Tal, vorbei an steilen Wänden und durch grüne Wälder. Kurz vor Erreichen der Hütte öffnet sich das Tal und wir können eine Vielzahl von Wasserfällen, gespeist von der Schneeschmelze, sehen. Über uns befinden sich die Feuersteine, Gipfel der Stubaier Alpen. Unser Ziel (1690 m) erreichen wir nach ca. 1½ Stunden. Die Ochsenhütte wird manchmal auch „Kastenfurtalm" genannt. Es gibt hier Platz zum Spielen sowie einen Bach in der Nähe der Hütte, wo man gut verweilen kann.
Der Rückweg erfolgt über den Hinweg. Am Ende der Wanderung lohnt sich auf jeden Fall ein Abstecher „in die Hölle". Dafür sind ca. 15 Minuten einzuplanen.

Einkehrmöglichkeiten: Ochsenhütte und Gasthäuser längs der Straße in Pflersch

Sehenswertes in der Umgebung: Pflerscher Wasserfall „Hölle" und Altstadt von Sterzing

Informationen: Tourismusverein Gossensaß (www.gossensass.org)

Motivationszuckerle

Heute kommst du ins Tal der Wasserfälle. Und du darfst sogar „in die Hölle" hinabsteigen!

PUSTERTAL

45 AUF DEN STOANAMANDL IN VALS

TECHNISCHE DATEN

Höhenunterschied
Ca. 150 m

Jahreszeit
Sommer und Herbst (Betriebszeiten Lift beachten)

Wegbeschaffenheit
Wanderweg

Zeitbedarf
Ca. 2 Stunden

Kartenmaterial
Tabacco, Blatt 037

Schwierigkeitsgrad
🐾🐾
Kinderwagentauglich

Ein wunderbarer Aussichtsberg

Anfahrt: Über Mühlbach nach Meransen/Vals. Parkplatz bei der Talstation Jochtal-Lift.

Wegbeschreibung: Der Gondellift Jochtal bringt uns bequem hinauf in die Bergwelt. An der Bergstation können wir uns kaum sattsehen an den umliegenden Gipfeln und an der Weite. Im Winter ist hier Skibetrieb, im Sommer lässt es sich hier wunderschön wandern. Auch Paraglider nutzen die Aufwinde und den bequemen Transport mit dem Lift gerne. Die Gegend bietet Mannigfaches zum Schauen und Staunen.
Wir wählen den Weg mit der Markierung 11A in Richtung Gänsbichl. Es geht leicht aufwärts, der Weg führt uns an der neu erbauten Ochsenalm (2100 m) vorbei, die wir linkerhand liegen lassen. Unser Weg wird steiler, aber auch interessanter, wir gehen einen Kamm entlang, wo meist der Wind die

Wanderer weitertreibt und sich ein weiter Ausblick auftut. Der Weg ist Teil des Knappensteiges, der auf die Bergbauzeit der Umgebung zurückweist. Bis zum Gipfel ist es nicht mehr weit, nach einer guten Stunde ab der Jochtal-Bergstation stehen wir auf dem Stoanamandl (2118 m). Hier haben wir eine überwältigende Weitsicht auf die Bergwelt ringsum: Dolomiten, Rosengarten, Latemar. Eine Panoramatafel beim großen Wetterkreuz gibt Aufschluss über die Namen der Gipfel und Bergzüge.
Der Abstieg erfolgt über den Aufstiegsweg.

Motivationszuckerle

Du kannst ganz bequem mit dem Gondellift hinauffahren! Bis zum Stoanamandl ist es dann gar nicht mehr weit und von dort siehst du immens weit zu den hohen Bergen!

Einkehrmöglichkeiten: Gastbetriebe in Vals, Berggasthof „Jochtal", Anratterhütte, Ochsenalm

Sehenswertes in der Umgebung: Festung Franzensfeste, Schloss Rodeneck, Historisches Silberbergwerk Villanders

Informationen: Tourismusverein Gitschberg-Jochtal (www.gitschberg-jochtal.com)

46 ZUR MOARHOFALM IN DEN PFUNDERER BERGEN

TECHNISCHE DATEN

Höhenunterschied
Ca. 260 m

Jahreszeit
Sommer, Herbst und Winter (Rodelbetrieb)

Wegbeschaffenheit
Forststraße

Zeitbedarf
Ca. 2 Stunden

Kartenmaterial
Tabacco, Blatt 033

Schwierigkeitsgrad
Kinderwagentauglich

Gemütliche Almwanderung mit Erholungscharakter

Anfahrt: Im Pustertal über die Sonnenstraße nach Kiens bis zum Weiler Hofern (835 m), dort der Beschilderung „Gelenke" (1575 m) folgen (von der Abzweigung bis zum Parkplatz ca. 4,7 km).

Wegbeschreibung: Wir folgen der Forststraße und somit einem Teil des Murmeltierweges. Der Weg verläuft sanft ansteigend durch den Wald und trägt die Markierung Nr. 65. Nach zwei Kehren kommen wir zu einer Abzweigung mit der Markierung 65A, der folgen wir aber nicht, sondern nehmen die Kurve und bleiben auf dem Weg Nr. 65. Es wird etwas steiler, bis wir zu einer Lichtung kommen, dort halten wir uns rechts. Nun geht es in das Katzental, und nur noch wenige

Höhenmeter trennen uns von der Moarhofalm (1829 m), die wir bei gemütlichem Gang nach ca. 1 Stunde erreichen. Hier haben wir einen herrlichen Ausblick auf die Dolomiten. Wir können uns stärken und uns ausruhen, für die Kinder gibt es einen kleinen Streichelzoo und einen Spielplatz.
Im Winter kann die Strecke als Rodelpiste genutzt werden. Die Aufstiegsroute ist auch unser Rückweg.
Wer die Tour verlängern möchte, kann zur Unteren Grünbachalm (1943 m) und dann zur Oberen Grünbachalm (2114 m) weiterwandern.

Einkehrmöglichkeiten: Moarhofalm

Sehenswertes in der Umgebung: Erdpyramiden bei Terenten, Badesee Issinger Weiher

Informationen: Tourismusverein Kiens (www.kiens.info)

Motivationszuckerle

Heute gehen wir zu einer urgemütlichen und schmucken Alm. Die freundlichen Wirtsleute haben auch an dich gedacht: Es gibt dort einen Streichelzoo und einen Spielplatz.

47 VON TERENTEN ZUR ASTNERBERGALM

TECHNISCHE DATEN

Höhenunterschied
Ca. 270 m

Jahreszeit
Frühsommer bis Herbst

Wegbeschaffenheit
Forststraße

Zeitbedarf
Ca. 1½ Stunden

Kartenmaterial
Tabacco, Blatt 033

Schwierigkeitsgrad
🐾🐾
Kinderwagentauglich

Unterwegs in den Pfunderer Bergen

Anfahrt: Durch das Pustertal bis nach Terenten, dann in Fahrtrichtung Kiens links abbiegen ins Winnebachtal (der Beschilderung folgen). Parkmöglichkeit am Straßenende.

Wegbeschreibung: In unmittelbarer Nähe des Parkplatzes befindet sich ein Wasserwerk. Wir folgen der Forststraße durch den Nadelwald. Über die gesamte Wegstrecke begleitet uns der romantische Winnebach, wo die Kinder am Wasser spielen können. Der Wald wird von Almwiesen abgelöst, der Weg steigt leicht an. Auf 1540 m treffen wir auf den sagenumwobenen Hexenstein, wo sich nächtens wilde Gelage zugetragen haben sollen – Fußabdrücke von Hexen und Teufel im Gestein sollen davon zeugen. Wir können jetzt schon fast bis ans Ende des Tales sehen, wo sich unser Ziel befindet. Weiter geht der Weg über den Bach, vorbei an einer Hütte. Mit einigen Kurven wird es steiler und wir gewinnen an Höhe. Der Talkessel breitet sich in beeindruckender Weise vor uns aus und wir können den Aufstieg zur Tiefrastenhütte (2312 m) mit ihrem See erahnen. Auf der orografisch linken Seite können wir nun die Astnerberg Alm (1640 m) sehen. Noch einmal muss der Bach überquert werden und wir haben die Alm erreicht. Hier können die Kinder gut spielen: Es gibt einen Sandkasten, eine Schaukel, eine Kinderseilbahn und eine Rutschbahn. Und wir Erwachsene finden ein gemütliches Plätzchen, wo wir rasten und uns stärken können.

Einkehrmöglichkeiten: Astnerbergalm und Gastbetriebe in Terenten

Sehenswertes in der Umgebung: Erdpyramiden in Terenten

Informationen: Tourismusverein Terenten (www.terenten.com) und www.astnerberg-alm.com

Motivationszuckerle

Auf der Alm gibt es einen ganz tollen Spielplatz. Da lohnt sich der Aufstieg allemal!

48 VON TOBLACH ZUM TOBLACHER SEE

TECHNISCHE DATEN

Höhenunterschied
Ca. 100 m

Jahreszeit
Ganzjährig, allerdings Schneeverhältnisse beachten

Wegbeschaffenheit
Kurze Straßenabschnitte, größtenteils Forststraße

Zeitbedarf
Ca. 2½ bis 3 Stunden

Kartenmaterial
Tabacco, Blatt 010

Schwierigkeitsgrad

Kinderwagentauglich

Unterwegs im Höhlensteintal

Anfahrt: Durch das Pustertal bis nach Toblach (1249 m), in Neutoblach zum Bahnhof. Parkplatz beim Bahnhof in Toblach (Neutoblach).

Wegbeschreibung: Wir starten beim Zugbahnhof in Neutoblach. Nach dem Bahnübergang wählen wir den Seeweg, gehen die zweite Straße rechts ab und kommen am neuen Langlaufzentrum vorbei. Bei der Häusergruppe „Säge" verlassen wir die Straße und wandern weiter über eine nicht geteerte Forststraße. Es geht sanft ansteigend durch den Wald und nahezu parallel zur noch kleinen Rienz. Es gilt eine Schottermoräne zu queren, nach einer guten Stunde sind wir beim Toblacher See. Hier beginnt der kurzweilige Seerundweg, der als Naturlehrpfad angelegt ist und mit elf Schautafeln über Fauna, Flora und Geomorphologie des Gebietes informiert. Wir befinden uns im Höhlensteintal, das Südtirol

mit Cortina verbindet und die Pragser von den Sextner Dolomiten trennt. Durch das Tal verlief bis 1964 die Dolomitenbahn, die über eine Schmalspurbahn Toblach mit Cortina und weiter mit Calalzo di Cadore in Belluno verband.
Der Rückweg verläuft über den Hinweg.

Einkehrmöglichkeiten: verschiedene Gastbetriebe in der Ortschaft Toblach und am Toblacher See

Sehenswertes in der Umgebung: Schaukäserei Sennerei Drei Zinnen (www.3zinnen.it), Erlebnispark WaldWunderWelt beim Naturparkhaus (Eintritt frei)

Informationen: Tourismusverein Toblach (www.toblach.info)

Motivationszuckerle

Es gibt heute einen tollen See zu erkunden. Ein spannender Weg führt dich dort in die Geheimnisse der Natur ein. Und später kannst du vielleicht noch die Schaukäserei ansehen oder in der WaldWunderWelt spielen.

49 ZUR HAHNSPIELHÜTTE UND AUF DIE HELMSPITZE

TECHNISCHE DATEN

Höhenunterschied
110 m oder 390 m, je nach Ziel

Jahreszeit
Sommer und Herbst (Betriebszeiten Seilbahn beachten)

Wegbeschaffenheit
Forststraße

Zeitbedarf
Ca. 1 Stunde (Hahnspielhütte) oder 2½ Stunden (Helmspitze)

Kartenmaterial
Tabacco, Blatt 010

Schwierigkeitsgrad
🐾🐾🐾
Kinderwagentauglich

Unterwegs am Beginn des Karnischen Höhenwegs

Anfahrt: Durch das Pustertal bis nach Sexten im Hochpustertal, zur Talstation der Seilbahn (Parkplatz).

Wegbeschreibung: Die Seilbahn führt uns rasch hinauf zur Bergstation (2041 m). Unterwegs können wir das Panorama der umliegenden Sextner Berge genießen. Gleich zu Anfang unserer Wanderung strömen starke Eindrücke auf uns ein: Bunte Almwiesen konkurrieren mit den imposanten Gipfeln des Sextner Naturparks (Dreischusterspitze, Sextner Rotwand usw.). Die Nähe der Drei Zinnen ist geradezu spürbar. Uns zieht es aber über den bequemen Weg zur Hahnspielhütte (2150 m), die wir in ½ Stunde erreichen. Bei günstiger Witterung starten hier in der Umgebung unzählige Paraglider, um ins Tal zu schweben. Wir können die Hahnspielhütte als Ziel unserer Wanderung wählen; Platz zum Spielen für die Kinder und die Möglichkeit, sich zu stärken, sind vorhanden. Ein Weitergehen auf den Helm zahlt sich jedoch allemal aus, wenngleich der Weg etwas beschwerlicher wird. Wir folgen dem alten Militärweg, der mitunter etwas grobschotterig und ausgewaschen sein kann. Nach ½ Stunde kommen wir zu

einem überwältigenden Aussichtspunkt und einer Weggabelung. Wer ohne Kinderwagen unterwegs ist, wählt den direkten Anstieg zur Helmspitze (2434 m) und erreicht diese in etwa 20 Minuten. Mit Kinderwagen bleibt man auf der alten Militärstraße und kommt – nach etwas längerem, dafür aber bequemerem Marsch – in einer weiten Schleife auch auf den Gipfel. Dieser ist aus mehreren Gründen ein Kuriosum: Zum einen verläuft die Staatsgrenze zu Österreich direkt über ihn, zum anderen befindet sich hier die verlassene Helmhütte mit ihrer interessanten Geschichte. Unzählige Militärbauten wie Schützenstellungen und Bunkerruinen zeugen von den Geschehnissen der Weltkriege in der direkten Umgebung.
Der Ausblick vom Helm auf die Sextner Dolomiten ist grandios.Der Rückweg erfolgt über den Aufstiegsweg oder – für Schwindelfreie! – über die Ostflanke (ohne Kinderwagen!).

Einkehrmöglichkeiten: Gastbetriebe in Sexten und Hahnspielhütte

Sehenswertes in der Umgebung: Drei Zinnen

Informationen: Tourismusverein Sexten (www.sexten.it)

Motivationszuckerle

Hier gibt es direkt auf dem Gipfel ein verlassenes Schutzhaus und du stehst mit dem einen Fuß in Österreich und mit dem anderen in Südtirol, also in Italien!

RALPH LAUREN

EMPFEHLUNGEN

FAMILIENALM TASER

FAMILIENALM TASER
Familie Gamper
Schennaberg 25
I-39017 Schenna
Tel. +39 0473 945615
info@familienalm.com
www.familienalm.com

Öffnungszeiten
Täglich von Ostern bis Allerheiligen
Anfahrt
Die Talstation der Seilbahn Taser, 2 km vom Ortskern Schenna entfernt, erreicht man bequem mit dem PKW (großer Parkplatz vorhanden). Der Bus verkehrt im Stundentakt.

Hoch über Schenna auf 1450 Metern ist die Aussicht einfach grandios. Hier hat ein Ausflugs- und Freizeitparadies für die ganze Familie Zuhause gefunden – egal ob für ein paar Stunden oder ein paar Wochen: die Familienalm Taser besteht aus Hotel und Chalets, Restaurant, Kirchlein und Bauernhof – und das auf einer riesigen Wiese direkt am Waldrand, fernab von Lärm und Hektik.
Hinauf geht es schnell und leicht mit der hauseigenen Seilbahn. Während sich die Eltern vielleicht im Restaurant, im Wintergarten, auf der Terrasse oder in der Bar mit Südtiroler Leibspeisen stärken, können Kinder nach Herzenslust herumtoben. Für Kinder wurde an alles gedacht: Taser's Spielpark auf über 1000 Quadratmetern heißt alle Kinder herzlich willkommen. Sie können die Zwergziegen, Kaninchen, Ponys

und Lamas im Bergzoo bestaunen oder im Indianerdorf spielen und auf Schatzsuche im Wald gehen. Rutsche, Seilbahn und Sandkisten sorgen ebenfalls dafür, dass es den Kleinen nicht langweilig wird. Hin und wieder dürfen sie auch beim Füttern der Tiere mithelfen und lernen dadurch den richtigen Umgang.

Der Hochseilgarten am Waldrand – übrigens einer der schönsten in Südtirol – reizt die etwas Größeren (Mindestgröße 1,30 m; Anmeldung erforderlich) zu sportlicher Betätigung. Bei schlechtem Wetter sind die Kids in zwei großen, lichtdurchfluteten, bestens ausgestatteten Spielzimmern gut aufgehoben. Da gibt es Brettspiele, eine Kletterwand, Tischfußball, es kann gemalt und gebastelt werden …

Für die Feriengäste gibt es des öfteren Thementage, bei denen sie zusammen mit einer ausgebildeten Erlebnispädagogin auf Entdeckungsreise gehen können. Dabei werden verschiedene spannende Gebiete unter die Lupe genommen: wie wird man Überlebenskünstler in Wildnis und Wasser, wie unterscheidet man giftige von genießbaren Waldbeeren, wie wird Milch zu Käse? Ein großer Spaß für alle abenteuerlustigen und neugierigen Kinder und Jugendlichen! In den Sommerwochen können sich Kinder ab 7 Jahren zum Natur-Detektiv mit Diplom ausbilden lassen.

Zusätzliche Informationen: Die neuen Zimmer im Almhotel bieten alles für erholsame und aktive Tage. Die Almchalets wurden aus eigenem Holz erbaut, das AlmSpa beinhaltet die Almblocksauna im Freien, Ruhezonen und Wellnessbehandlungen.

Tipps: Vom Taser lassen sich zahlreiche Wanderwege aller Schwierigkeitsgrade erkunden – man beginnt direkt vor der Haustür und ist sofort mittendrin in der herrlichen Natur. Das umfassende, maßgeschneiderte Urlaubsprogramm hat für jeden etwas, zum Beispiel geführte Wanderungen oder Familienausflüge.

FAMILIENHOTEL SONNWIES ****

FAMILIENHOTEL SONNWIES **
Familie Hinteregger
Alter Runggerweg 20
I-39040 Lüsen
Tel. +39 0472 413533
Fax +39 0472 414291
info@sonnwies.com
www.sonnwies.com

FAMILIEN HOTELS SÜDTIROL / ALTO ADIGE

Im Familienhotel Sonnwies in den Eisacktaler Dolomiten finden verwöhnte Familien gesunden, ruhigen und ursprünglichen Berggenuss. Es bietet auf einer Fläche von 10.000 m² Natur- und Abenteuer-Spielplatz mit Streichelzoo, Indianerzelt, Indoor-Spielewelt u. v. m. Genau hinter dem Hotel Sonnwies steht der eigene Biobauernhof Sorgenhof, er ermöglicht einen Urlaub am Bauernhof in Vier-Sterne-Qualität. Hier ist Ponyreiten erlaubt, Tiere füttern, Traktor fahren und Heu hüpfen, alles was Kindern Spaß macht.

Zudem gibt es ein buntes Programm: 35-Stunden-Babybetreuung, 70-Stunden-Kinderbetreuung und eine tolle Teenieanimation sorgen dafür, dass es im Kinderhotel Sonnwies bestimmt nie langweilig wird. Inzwischen können sich Mama und Papa im neuen Spa und Wellnessbereich „Salientes Runcada" erholen. Es erwarten sie Saunen, Hallenbad, Whirlpool und zum Trainieren ein Fitnessraum. Für die Kleinen gibt's ein Kinderbecken mit toller Rutsche.

Fast alles, was im Sonnwies gekocht wird, ist hausgemacht und zum Teil selbst angebaut.

Das Familienhotel Sonnwies ist TÜV geprüft und steht für Sicherheit und Urlaubsspaß für die ganze Familie.

FAMILY RESORT RAINER ★★★★S

Eingebettet in die einzigartige, atemberaubende Landschaft des UNESCO Weltnaturerbes Sextner Dolomiten, liegt das Family Resort Rainer. Neben dem traumhaften Dolomit-Panorama-SPA auf 2000 m² mit verschiedenen Pools und Saunen, bietet das Haus großartige Plätze (innen wie außen) zum Spielen für Kinder. 60 Stunden Kinderbetreuung in Raini's Miniclub sind dabei garantiert (fallweise Kleinkindbetreuung). Berg- und Wanderführer sind im Haus und bieten wöchentlich Kletterkurse und -touren bzw. Wanderungen auch für die ganze Familie (z. T. inklusive). Alle Zimmer/Suiten liegen ruhig und sonnig zur Südseite. Exzellente, auch glutenfreie Küche. Preisgekrönt für hervorragende zeitgenössische Architektur wurde unsere Residence Strata (Wohnen auch nur in Miete). Und last but not least, die Gastgeberfamilie bemüht sich nach guter Südtiroler Tradition persönlich um Ihr Wohl.

FAMILY RESORT RAINER★★★★S
Familie Rainer
St.-Josef-Straße 40
I-39030 Sexten – Dolomiten
Tel. +39 0474 710366
Fax +39 0474 710163
www.familyresort-rainer.com
info@familyresort-rainer.com

FAMILIEN HOTELS
SÜDTIROL / ALTO ADIGE

„SÜDTIROLER GASTHAUS" RESTAURANT APOLLONIA

Das gemütliche Landgasthaus Restaurant Apollonia, Mitglied der Gruppe „Südtiroler Gasthaus", liegt in Sirmian oberhalb von Nals. Mitten im Grünen und gleichzeitig mitten in einem Wandergebiet ist dieses Restaurant ein idealer Ort, um bei einem guten Essen die Ruhe der Natur zu genießen. Die Küche bietet regionale, hausgemachte und saisonal geprägte Speisen. Hervorzuheben sind vor allem hausgemachte Teig- und Nudelgerichte, Knödel in vielen Variationen, die Kuchenauswahl, die Säfte auf Sirupbasis und die Himbeeren aus eigenem Anbau.

Im Frühling finden Wildkräuter, wie zum Beispiel der Bärlauch, sowie der heimische Spargel Einzug in die Küche. Im Sommer gibt es Himbeeren aus eigenem Anbau und im Herbst drehen sich viele Gerichte rund um den Apfel und die Kastanie. Zudem wird auch das traditionelle Törggelen angeboten.

Das Apollonia verfügt außerdem über einen Kinderspielplatz.

Genießen Sie bei gutem Essen die Ruhe der Natur und den fabelhaften Blick auf die Dolomiten. Familie Geiser freut sich auf Ihre Reservierung.

„SÜDTIROLER GASTHAUS"
RESTAURANT APOLLONIA
Familie Geiser
St.-Apollonia-Weg 3
I-39010 Nals/Sirmian
Tel. +39 0471 678656
info@restaurant-apollonia.it
www.restaurant-apollonia.it

Öffnungszeiten
Von Mitte März bis 23. Dezember
(ab Mitte November
von Donnerstag bis
Sonntag geöffnet)
Montag Ruhetag

Südtiroler Gasthaus
LOCANDA SUDTIROLESE
HGV

HOFSCHANK PFROLLNHOF

Unternehmen Sie einen schönen Ausflug über blühende Bergwiesen, über das Platzerer Jöchl zum Pfrollnhof auf 1420 m und genießen dabei eine wunderbare Aussicht über das Ultental und zwei Seen. Für die Kinder steht ein kleiner Streichelzoo und viele verschiedene Haustiere zur Verfügung, die Ponys dürfen geritten und gestreichelt werden. Für den Rückweg zum Platzerer Jöchl werden von Ende Juli bis Ende Oktober jeden Sonntag auf Wunsch Kutschenfahrten angeboten. Es gibt leckere Mittagessen und zünftige Marendbrettln mit bäuerlichen Produkten. Abwechselnd gibt es hausgemachte Strudel, Kuchen oder Mohnkrapfen. Der Hofschank ist ideal für kleinere Feiern.
Familie Wenin freut sich auf Ihren Besuch.

HOFSCHANK PFROLLNHOF
Hillebrand Zitta
Nörderberg 6
I-39010 St. Pankraz
Tel. +39 0473 787315

Wie erreichen Sie uns?

Mit dem Auto: Von Lana kommend in St. Pankraz links Richtung Buchen abbiegen und 13 km die Straße entlang bis zum Pfrollnhof fahren. Oder steiler, aber kürzer, 0,5 km nach St. Pankraz links Richtung Sportplatz abbiegen und 7 km die Straße hoch fahren.

Zu Fuß: Von der Bushaltestelle Perlklaring (von Lana kommend 200 m vor dem Gampenpass) über Weg Nr. 11 und 25 (ca. 1,5 Std.) zum Hofschank (im Winter schöne Schneeschuhwanderung).

Reservierung erwünscht unter Tel. +39 0473 787315

BÄRENBADALM

BÄRENBADALM
Familie Überbacher
Pawigl 87
I-39011 Lana/Vigiljoch
Mobil +39 338 9918224
Öffnungszeiten
Vom 1. Mai bis 31. Oktober
Kein Ruhetag

Das Vigiljoch ist der Hausberg der Marktgemeinde Lana bei Meran und bequem mit der Seilbahn zu erreichen. Der Aufstieg durch einen Lärchenwald führt vorbei am Vigiliuskirchlein, das eines der höchstgelegenen Bergheiligtümer Tirols darstellt. In seinem Inneren befinden sich Fresken aus dem 14. Jahrhundert. Wie Feuersteinfunde belegen, war der Berg schon in der Steinzeit von Jägern frequentiert. Der Ursprung der vielen Schalensteine ist aber ungeklärt. In den 30er Jahren wurden auf der Bärenbadalm einige Wasseraustritte gefunden, die eine beträchtliche Radioaktivität aufwiesen. Daraufhin wurde begonnen, die einzelnen Wasseraustritte zu fassen und zu analysieren. Die Abfüllung des Wassers begann am 6. Juni 1960. Wir finden das radonhaltige Mineralwasser heute im Handel (Meraner Mineralwasser, Quellen St. Vigil) und es wird für unterschiedliche Therapien verwendet. Die Bärenbadalm (1678 m) ist ein leicht zu erwanderndes Ziel. Von hier aus hat man einen zauberhaft schönen Fernblick auf die Dolomiten. Sie werden mit schmackhafter Hausmannskost verwöhnt und können die Ruhe des autofreien Vigiljochs genießen.

Alexa und Stefan freuen sich ab Mai bis Ende Oktober auf Ihren Besuch.

www.zeller.it · fotolia/ Duncan Noakes
teutonia
ICH WILL RAUS!
Der BeYou! ist die richtige Entscheidung für alle Eltern, die den perfekten Allrounder für den Alltag suchen. Seine einfache Handhabung und sein leichtgängiges Fahrwerk sowie die flexiblen Funktionen machen jede Tour zu einem Spaziergang.
Außerdem bei uns erhältlich:
· Babyrucksäcke
· Babybekleidung für jedes Wetter
· Tragetücher
· Trinkflaschen
· u.v.m.
HOPPA POPPA
www.hoppapoppa.it
Bozen · Bindergasse 5 · Tel. 0471 052 340
Lana · Tribusplatz 2/b · Tel. 0473 550 323

Kinderanimation bei Hochzeiten, Familien-& Firmenfesten
Verleih von Animations- und Spielmaterialien
Pädagogische Kinder- und Jugendbetreuung
Fachgeschäft für Qualitäts-Spielwaren
Spiel Welt events
www.spielwelt.it
Spielwelt d. Marini Eva → DAS SPIELFACHGESCHÄFT
im Zentrum von St. Michael/Eppan (BZ)
IL NEGOZIO DI GIOCATTOLI nel centro di S.Michele/
Appiano (BZ) → P.za Albertus Magnus Platz 7
Tel. +39 0471 66 48 20 → www.spielwelt.it
Helium-Luftballone ein besonderes, preisgünstiges Highlight

SÜDTIROLER QUALITÄTSPRODUKTE

SÜDTIROL INFORMATION
Waltherplatz 8
I-39100 Bozen
Tel. +39 0471 999999
info@suedtirol.info
www.suedtirol.info
www.suedtirolerspezialitaeten.com

In Südtirol wurde schon immer großer Wert auf schmackhafte und gesunde Ernährung gelegt, und zwar vom Kleinkindesalter an. Über Generationen hinweg produzieren Berg- und Obstbauern Lebensmittel von hoher Güte. Das Qualitätszeichen „Qualität Südtirol" bürgt für authentische Herkunft und geprüfte Qualität bei landwirtschaftlichen Produkten und Lebensmitteln. Zu ihnen gehören Äpfel, Wein, Speck, Milch und Milchprodukte, Rindfleisch, Brot, Grappa, Apfelsaft, Kräuter, Gemüse, Honig und Beeren.
Gerade bei Kindern und Jugendlichen ist die Ernährung von größter Bedeutung, unbelastete, gesunde und leckere Naturprodukte sollten bei ihnen auf den täglichen Speiseplan stehen. Nicht umsonst heißt es ja „An apple a day keeps the doctor away" – also der tägliche Apfel hält fit und gesund! Und wer gerade herzhaft in einen knackigen Apfel beißt, hat es statistisch gesehen bei ungefähr jedem zehnten Exemplar mit einem „echten Südtiroler" zu tun. Mit 18.400 Hektar ist Südtirol das größte geschlossene Anbaugebiet in der EU.

Boden und Klima bieten dem Apfel hervorragende Bedingungen. Das alpin-kontinentale Klima mit warmen Sommertagen und kühlen Herbstnächten sorgt für die einzigartige Fruchtfarbe, für wertvollen Zucker, Aromastoffe und Vitamine – besonders wichtig für Kinder und Jugendliche. Mit circa 12 mg Vitamin C deckt ein Apfel 15 % des Tagesbedarfs.

Weltweit gilt Südtiroler Speck als „die" kulinarische Berühmtheit des Landes. Es gibt wohl keinen Einheimischen und keinen Touristen, der noch nie in einem Südtiroler Buschenschank diese herzhafte Spezialität gekostet hat. Er ist ein spezifisches Markenprodukt mit unverkennbarem Geschmack und leicht erkennbar am grünen Trägersteg. Heute sorgt Südtiroler Speck mit der Bezeichnung „g.g.A" (geschützte geografische Angabe) durch Würzung, Pökelung, Räucherung und Lufttrocknung für Begeisterung bei den Verbrauchern. Wichtig ist, dass man den Speck etwa 20 Minuten vor dem Verzehr aus der Vakuumpackung nimmt und ihn immer gegen die Faser schneidet, entweder in Streifen, Würfel oder dünne Scheiben.

Auch Milch und Milchprodukte dürfen auf der täglichen „Speisekarte" von Kindern und Jugendlichen nicht fehlen,

sofern sie nicht unter Laktose-Unverträglichkeit leiden. Milch ist sozusagen „Wellness" aus den Bergen. Das „Qualitätszeichen Südtirol" garantiert auch bei Milch und Milchprodukten nachvollziehbare Herkunft und Qualitätssorgfalt. Vom Bauernhof geht es direkt zu einem der zehn Milchhöfe, wo der wertvolle Grundstoff veredelt und weiterverarbeitet wird. So kommt die Südtiroler Frischmilch innerhalb von 24 Stunden von der Kuh ins Kühlregal – selbstverständlich gentechnikfrei. Ob Milch oder Joghurt, Butter, Sahne oder Topfen, Mascarpone, Ricotta oder Käse: wo Südtirol draufsteht, ist nur Südtirol drin!

Was wäre ein Frühstück, eine Jause, das Pausenbrot in der Schule oder ein Abendessen ohne Brot? Irgendwie unvollständig, deshalb gilt hier ebenfalls: Südtiroler Brot ist lecker, würzig und gesund. Es wird aus bestem Getreide nach traditionellen Rezepten und ohne Konservierungsstoffe gebacken. Über Jahrhunderte haben sich landestypische Brotsorten entwickelt, darunter Vinschger Paarln, Pusterer Breatln und Schüttelbrot in etlichen Varianten. Der saftige Apfelstrudel darf nur mit Südtiroler Butter hergestellt werden und trägt deshalb ebenfalls das Qualitätszeichen Südtirol, mit dessen Einführung Südtirol Vorreiter in Europa ist.

Südtiroler Beeren und Kirschen reifen bis auf 1600 Metern und entwickeln dadurch ihren frischen, süßen Geschmack. Das Qualitätszeichen garantiert, dass sie aus kontrollierter, integrierter Produktion stammen und handgepflückt wurden.

Honig aus Südtirol zeichnet sich durch seine geschmackliche Vielfalt aus, er ist naturbelassen, reich an natürlichen Wirkstoffen und frei von Zusatzstoffen, ob Mischblüten-, Alpenrosen-, Löwenzahn- oder Waldhonig.

Auch Gemüse ist ein hochwertiges Lebensmittel und sollte täglich von der ganzen Familie verzehrt werden. Das milde Klima in Südtirol schafft ideale Bedingungen für den Anbau von Eisbergsalat, Blumenkohl, Radicchio, Kartoffeln, Rote Rüben und Weißkohl.

Qualità ALTO ADIGE

Weitere Informationen
zu den Südtiroler Qualitätsprodukten
unter www.suedtirolerspezialitaeten.com

Qualität SÜDTIROL

Hinweis:
Das vorliegende Buch wurde sorgfältig erarbeitet. Dennoch erfolgen alle Angaben ohne Gewähr. Weder Autor noch Verlag können für eventuelle Nachteile oder Schäden die aus den im Buch vorgestellten Informationen resultieren, eine Haftung übernehmen.

Umschlagfoto: Klaus Auer

Bildnachweis: Tappeiner AG, Oswald Haller, Christjan Ladurner, Elisa Kuppelwieser, Marion Lafogler, Thomas Plattner, Michael Schwarzer, Seiser Alm Marketing/Till Gottbrath, Archiv Südtirol Marketing (Frieder Blickle), Autonome Provinz Bozen-Südtirol – Ressort für Mobilität, Tappeiner sowie Bilder aus dem Privatbesitz der Inserenten.

Gesamtherstellung: Tappeiner AG, Lana (BZ)
www.tappeiner.it

Printed in Italy

ISBN 978-88-7073-611-3

TAPPEINER.